Generis
PUBLISHING

L'Attrait de L'Argent Chinois en Afrique

J. NDUMBE ANYU
WILLIAM G. DZEKASHU
MOHAMED A. EL-KHAWAS

Title: L'Attrait de L'Argent Chinois en Afrique

ISBN: 979-8-88676-414-7

Author:J. NDUMBE ANYU, WILLIAM G. DZEKASHU,MOHAMED A. EL-
        KHAWAS

Cover image: https://pixabay.com/

Publisher: Generis Publishing
Online orders: www.generis-publishing.com
Contact email: info@generis-publishing.com

L'Attrait de l'Argent Chinois en Afrique

J. Ndumbe Anyu | William G. Dzekashu
Mohamed A. El-Khawas

Avant-propos: Prof. Babalola Cole

TABLE DE MATIERES

LISTE DES CHIFFRES

LISTE DES GRAPHIQUES

LISTE DES TABLEAUX

AVANT-PROPOS

Contrairement à d'autres continents du monde, l'Afrique souffre de manière unique d'un déficit d'infrastructures, un problème qui est souvent traité dans de nombreux articles de magazines universitaires et d'actualités dispersés. Le problème du développement des infrastructures en Afrique est causé par l'incapacité du gouvernement à assurer une croissance économique durable, à arrêter la corruption, à établir l'état de droit et à promouvoir le développement des infrastructures. Ces échecs ont inévitablement aggravé les ressentiments de nombreux groupes, en particulier les minorités ethniques dans les pays multiethniques, qui soutiennent qu'ils ne reçoivent pas une part équitable de la richesse de la nation ou de sa structure de pouvoir. En termes simples, le déficit d'infrastructure reste un problème supplémentaire en Afrique. Elle est probablement plus prononcée en Afrique que sur tout autre continent. Ce problème a trop peu été abordé dans un seul livre. C'est donc pour cette raison que les auteurs se concentrent sur les activités actuelles de développement des infrastructures de la Chine sur le continent africain. Au 20e siècle, alors que les États-Unis et l'Occident ont concentré leurs énergies sur la lutte contre le terrorisme dans le monde, la Chine cultive agressivement des amitiés avec de nombreux gouvernements africains et va de l'avant avec l'expansion de l'Initiative Ceinture et Route (ICR) en Afrique. L'implication actuelle de la Chine dans le développement des infrastructures s'étend sur toute la longueur et la largeur de nombreux secteurs sur le continent africain. Ainsi, le livre se concentre sur les projets d'investissement de l'ICR en Afrique et sur la manière dont ces projets favoriseront ou entraveront les efforts visant à apporter un développement durable et à réaliser l'unité nationale. Le livre est divisé en cinq chapitres.

Chapitre Un: *L'Introduction* énonce les problèmes de la dépendance de l'Afrique vis-à-vis du financement extérieur et les problèmes de l'exploration pétrolière. Dans le même chapitre, les auteurs fixent les objectifs et la portée de la recherche, tout en présentant la méthode de recherche utilisée pour les analyses.

Chapitre Deux: *Les Liens de la Chine avec l'Afrique*, revisite l'ancienne stratégie consistant à utiliser les richesses minérales pour le développement durable plutôt que d'enrichir les dirigeants et d'acheter des élections pour rester au pouvoir. Le développement économique ne peut être accéléré sans l'apport de capitaux et d'investissements étrangers. Les auteurs affirment que la Chine a profité de la préoccupation des États-Unis pour d'autres engagements mondiaux, notamment les guerres en Irak et en Afghanistan, pour s'installer en Afrique, accroître ses liens commerciaux et investir massivement dans le secteur de l'énergie.

Chapitre Trois: *Les entreprises chinoises en Afrique* offrent une vue d'ensemble détaillée des activités commerciales chinoises en Afrique et des stratégies d'entrée sur le marché. L'Afrique est dotée d'immenses réserves de ressources minérales et naturelles. Celles-ci constituent l'attraction constante des pays étrangers cherchant à contrôler ces ressources naturelles et leur commerce. La mondialisation a encore rendu la nouvelle ruée vers l'Afrique éminente. De nouveaux acteurs, dont la Chine, développent et emploient de nouvelles stratégies pour pénétrer et contrôler ces nouveaux marchés. Les entreprises chinoises utilisent les stratégies d'entrée sur le marché telles que la Ceinture et la Route (LCLR) et l'ICR pour pénétrer le marché africain. Cela a alarmé l'Occident.

Dans Chapitre Quatre: *L'Initiative Ceinture et Route: va-t-elle favoriser ou entraver le développement dans les sous-régions d'Afrique centrale et l'ouest ?* Les auteurs soutiennent que les relations entre l'Afrique et ses anciens maîtres coloniaux n'ont presque rien apporté à la première après la vague d'indépendance, ce qui conduit à la perception de relations ratées. Cette perception de non-respect de leurs engagements n'a laissé à l'Afrique qu'une seule option: recourir à la Chine. La Chine a étendu l'ICR à la plupart des pays africains qui ont signé un protocole d'accord pour de futurs projets de développement. Les auteurs affirment que les engagements de la Chine à première vue semblent être de bonnes affaires, mais après un examen plus approfondi, ils semblent discutables, notamment en ce qui concerne le surendettement des économies vulnérables.

Les auteurs dans le chapitre quatre: *L'Initiative Ceinture et Route: les concessions mutuelles du développement des infrastructures dans la sous-région de l'Afrique du Nord* soutiennent que, bien que l' ICR

vi

ait montré des preuves d'une croissance constructive de la connectivité des infrastructures, la nature opaque des engagements a été le sujet de critiques acerbes; avec certains critiques décrivant le motif de la Chine comme une tentative de recoloniser l'Afrique. L'implication la plus importante de l'ICR a été la préoccupation concernant un éventuel conflit entre la Chine et les États-Unis. Une clé pour éviter un conflit ouvert entre la Chine et les États-Unis passe par une alliance et une réponse coordonnée de l'Europe et des États-Unis.

Dans une discussion finale au chapitre quatre: *L'initiative chinoise «L'Initiative Ceinture et Route: des liens qui lient ou étouffent le développement dans les sous-régions d'Afrique de l'est et australe,»* les auteurs montrent que l'Afrique l'est et australe représentent les principaux bénéficiaires des engagements de l'ICR, recevant plus de la moitié des investissements directs étrangers (IDE) de la Chine dont les pratiques d'investissement étranger en Afrique ont fait l'objet de vives critiques de la part de l'Occident. Ce scepticisme est dû à la nature vague des engagements et des dettes qui ne sont pas rendus publiques. Une question centrale abordée ici est de savoir si les engagements avec la Chine représentent des relations durables pour le développement.

Le chapitre cinq: *Implications futures de l'ICR,* examine les implications pour le renforcement des capacités et la responsabilité sociale des entreprises, ainsi que la viabilité et la détresse de la dette, les pratiques de travail et de prêt, et un éventuel conflit entre la Chine et les États-Unis.

Ce livre fournit une analyse et un contexte importants pour comprendre les problèmes d'infrastructure supplémentaires auxquels l'Afrique est confrontée aujourd'hui, et indique des solutions pratiques qui peuvent mettre les pays africains sur la voie du développement durable des infrastructures. Leur analyse perspicace devrait être instructive pour les décideurs politiques et montrer la voie aux universitaires pour approfondir les questions d'infrastructure qui affligent les pays africains et aux étudiants pour acquérir des connaissances de première main et une compréhension plus approfondie d'un continent souvent ignoré.

Babalola Cole, Ph.D
Professeur de Science Politique Retraité
Howard University, Washington, DC

PREFACE

Il y a un tollé dans les milieux académiques et politiques quant à une éventuelle recolonisation de l'Afrique. Le continent a obtenu son indépendance de l'Europe il y a en moyenne 60 ans (dans une vague de 1957 à la fin des années 1980) avec la perception que ses anciens maîtres coloniaux seraient des partenaires de développement dans la nouvelle ère de liberté politique, sociale et économique. Malheureusement, les relations entre l'Afrique et ses anciens maîtres coloniaux n'ont guère cédé aux anciennes colonies africaines, ce qui conduit à la perception d'une relation ratée. À la suite de cet échec, l'Afrique s'est tournée vers un nouveau partenaire, la Chine, qui a développé une méga plateforme de développement d'infrastructures, l'Initiative Ceinture et Route (ICR). L'attraction de la Chine pour les dirigeants africains en tant que partenaire de développement est largement dû à sa politique de non-ingérence dans leurs affaires intérieures.

La Chine a répondu à certains des besoins urgents en infrastructures de l'Afrique en échange de ressources naturelles et de produits agricoles. Certains des investissements chinois ont connu une croissance rapide depuis le début des années 2000, en grande partie grâce à la mise en œuvre de l'ICR. L'impact de l'ICR sur le continent africain est assez visible dans toutes les sous-régions, en particulier dans leurs produits intérieurs bruts (PIB) améliorés. Les termes dans ces engagements sont quelque peu vagues et expliquent brièvement comment et pourquoi ce livre a été écrit.

Il est devenu urgent pour l'Occident de faire face à l'expansion de son empreinte en Afrique, expansion qui, si elle n'est pas contrôlée, pourrait facilement dégénérer en un conflit entre l'Occident, principalement les États-Unis et la Chine face aux conflits commerciaux actuels entre les deux nations. Il s'agit, selon nous, de l'implication la plus importante de l'ICR. Une clé pour éviter un conflit ouvert entre la Chine et les États-Unis passe par une alliance et une réponse coordonnée de l'Europe et des États-Unis.

J. Ndumbe Anyu
William G. Dzekashu
Mohamed A. El-Khawas

RECONNAISSANCE

Nous (les auteurs) tenons à remercier **Sebastian F. Dzekashu** pour la traduction de ce livre de sa version originale en anglais à sa version actuelle en Français.

CHAPITRE UN:

INTRODUCTION

Dans la foulée de la Seconde Guerre Mondiale (SGM) et avec la création de l'Organisation des Nations Unies (ONU), les puissances européennes ont commencé à créer les conditions nécessaires pour mettre fin à la domination coloniale sur la majeure partie de l'Asie et de l'Afrique. Le Conseil de Tutelle des Nations Unies (CTNU) — une branche de l'ONU a été créé pour atteindre cet objectif de décolonisation et préparer ces territoires sous tutelle (anciennes colonies) à l'indépendance. Cette évolution vers la décolonisation a coïncidé avec le début de la guerre froide — le conflit idéologique et la rivalité entre l'Ouest et l'Est, défendus par les États-Unis à l'Ouest et l'Union soviétique aujourd'hui disparue à l'Est — qui a conduit à la demande renouvelée de ressources naturelles et domination économique. Cette demande renouvelée de ressources naturelles et de marchés a rapidement réduit l'objectif de la décolonisation à un échec peut être discutable, donnant ainsi naissance au néocolonialisme — contrôle et influence économiques et politiques indirects sur les anciennes colonies. Sur la base de ces intérêts et objectifs concurrents des superpuissances et de l'Europe, l'exploitation de l'Afrique s'est poursuivie sous le couvert de partenariats commerciaux et d'autres formes de partenariats au sein d'un système économique et politique mondial.

L'Occident, principalement l'Europe, a laissé des empreintes politiques en Afrique depuis l'ère coloniale, ainsi que des empreintes économiques variées et des engagements survivants dans l'ère post-coloniale immédiate. Cependant, les relations entre l'Afrique et ses anciens maîtres coloniaux n'ont presque rien apporté en termes de développement à la première à la suite de la vague des indépendances, conduisant à la perception de relations ratées. Cette perception de non-respect de leurs engagements n'a laissé à l'Afrique qu'une seule option: la Chine. Cette dernière a répondu à certains des besoins urgents en infrastructures de l'Afrique en échange de ressources naturelles et de produits agricoles. Ces engagements à première vue semblent être de bonnes affaires, mais après

1

un examen plus approfondi, ils semblent discutables, notamment en ce qui concerne le surendettement dans les économies vulnérables. Pour accroître son empreinte sur le continent, la Chine a étendu son «Initiative la Ceinture et Route» (ICR) à la plupart des pays africains qui ont signé un protocole d'accord pour de futurs projets de développement. Bien que les engagements ne soient généralement pas spécifiés, les investissements de la Chine ont connu une croissance rapide depuis le début des années 2000, en grande partie grâce à la mise en œuvre de l'ICR. Les mémorandums ont eu le potentiel de renforcer les liens avec les pays partenaires. L'expansion pour inclure l'Afrique dans sa participation économique à l'ICR a laissé l'Occident s'interroger sur les motivations de la Chine tout en renforçant les soupçons sur un éventuel futur conflit américano-chinois. L'impact de l'CR sur le continent africain est assez visible dans toutes les sous-régions, en particulier dans leurs produits intérieurs bruts (PIB) améliorés. Une incertitude brûlante a été de savoir *si ces partenariats représentent des relations gagnant-gagnant pour une croissance durable ou une dynamique de croissance de la dette.*

Ce n'est un secret pour personne que l'Afrique est riche en matières premières, ce qui a fait monter les enchères pour les partenariats étrangers. L'amplification de ces richesses a créé un sentiment d'urgence dans les pays développés à courir pour les ressources. L'Afrique du Nord, bien que plus avancée que ses voisins subsahariens, se situe dans le couloir essentiel de l'ICR; et nécessite donc une amélioration de l'infrastructure pour répondre à l'agenda global de l'ICR. Ce désir de développement des infrastructures en Afrique a généralement été satisfait par la recherche de ressources naturelles par la Chine. L'ICR est cette plate-forme d'investissement dans les infrastructures qui permet la connectivité entre les pays membres. Cette revue de littérature semi-systématique identifie et évalue les recherches pertinentes et collecte et analyse des données sur l'impact de l'ICR sur le développement dans cette sous-région. Bien que l'ICR ait montré des preuves d'une croissance constructive de la connectivité des infrastructures, la nature opaque des engagements a fait l'objet de critiques sévères; certains critiques allant jusqu'à décrire le motif de la Chine comme une tentative de recolonisation de l'Afrique. Les partenariats chinois en Afrique ont entraîné d'importants investissements et flux de crédits fournissant les ressources aux pays membres de l'ICR pour mettre en œuvre des programmes de développement très nécessaires, malgré le principal défi qui demeure — la subsistance de ces vastes projets. L'implication la plus importante de l'ICR a été la préoccupation concernant un éventuel conflit entre la Chine et les États-Unis. Une clé pour éviter un conflit ouvert entre la Chine et les États-Unis passe par une alliance et une réponse coordonnée de l'Europe et des États-Unis.

La majeure partie de l'Afrique subsaharienne a obtenu son indépendance de l'Europe dans une vague de 1957 à la fin des années 1980 avec l'idée que ses anciens maîtres coloniaux seraient des partenaires de développement dans la nouvelle ère de liberté politique, sociale et économique. Cette perception de partenariat est mise en évidence dans la croissance du PIB, mais malheureusement, dans d'autres pays du continent, il y a eu des retards dans le développement des infrastructures. L'Europe n'ayant pas répondu aux attentes, l'Afrique s'est tournée vers la Chine en tant que principal partenaire de développement. La Chine a répondu à certains des besoins urgents en infrastructures en échange de produits agricoles et de ressources naturelles. Ce partenariat récent avec la Chine continue de se développer en Afrique, comme en témoigne le lancement de l'ICR. L'Afrique de l'Est et l'Afrique australe représentent les principaux bénéficiaires des engagements de l'ICR, recevant plus de la moitié des investissements directs étrangers (IDE) de la Chine dont les pratiques d'investissement étranger en Afrique ont fait l'objet de vives critiques de la part de l'Occident. Ce scepticisme est dû à la nature vague des engagements et des dettes non rendues publiques. Cette suspicion persistante de l'Occident appelle à une surveillance étroite des relations entre les États-Unis et la Chine qui pourraient facilement dégénérer en un conflit entre les deux nations. Bien qu'attaquée, l'ICR a remporté de grands succès grâce à l'exécution de grands projets d'infrastructure et commerciaux dans les pays partenaires. Une question centrale abordée ici est de savoir si les engagements avec la Chine représentent des relations durables pour le développement. Le livre fournit en outre une évaluation du projet et une discussion sur les perspectives économiques dans certains pays des sous-régions identifiées qui ont considérablement bénéficié des engagements de l'ICR.

LA DEPENDANCE DE L'AFRIQUE AU FINANCEMENT EXTERIEUR

La dépendance de l'Afrique vis-à-vis du financement extérieur découle de son besoin urgent d'investissements privés (Risberg, 2019). En conséquence, la Banque Africaine de Développement (BAD) a identifié un déficit de financement de 87 à 112 milliards de dollars américains et a donc lancé une plateforme d'investissement en 2018 pour remédier à cette pénurie. Ce déficit d'investissement a offert une opportunité unique aux États-Unis et à l'Occident de s'engager avec leurs pays partenaires africains pour offrir une alternative à ce qui est devenu des pratiques d'investissement chinoises douteuses. Bien que l'impact des engagements commerciaux de la Chine en Afrique soit en partie positif, les impacts des investissements américains sur le continent sont incertains en termes de revenu par habitant. Les États-Unis ont injecté plus de mille milliards de dollars américains dans les économies partenaires en Afrique (Risberg, 2019) et continuent de s'engager dans des efforts de développement sur le continent.

Depuis le lancement de l'ICR en 2013, il existe des preuves de progrès positifs dans la connectivité des infrastructures, la construction ferroviaire, les pipelines énergétiques et la production d'électricité (Jin, 2017). Malgré ce succès apparent, la Chine a fait l'objet de vives critiques de la part de l'Occident, en particulier au sujet des engagements en Afrique. Le scepticisme à l'égard des engagements de l'ICR n'a fait que s'intensifier parce que les conditions d'engagement sont largement nébuleuses, ce qui fait craindre des risques pour les économies vulnérables. Plus précisément, l'ICR augmente le risque de surendettement dans certains pays emprunteurs (Hurley, Morris et Portelance, 2018), un problème sur lequel l'Occident continue de mettre l'accent. Cependant, cette perception de l'Occident, d'une part, est en conflit avec les vues de la Chine et de la plupart des nations africaines qui ont bénéficié de ces engagements et soutiennent que la Chine s'est tenue à l'écart en tant qu'alternative à l'Occident. *La question à laquelle ce livre cherche à répondre est de savoir si les engagements dans le cadre de l'ICR conduisent à des résultats de développement positifs ou négatifs en Afrique.* L'accent est mis sur les éventuels résultats négatifs des engagements en Afrique qui tendent à masquer le succès des projets de développement.

La plupart des pays africains accusent un retard par rapport au reste du monde en matière d'infrastructures clés, en particulier dans les domaines de l'énergie, des transports routiers et ferroviaires et des infrastructures hydrauliques (Lakmeeharan et al., 2020). La littérature se concentre beaucoup sur la pénurie d'infrastructures dans la région de l'Afrique subsaharienne, mais l'Afrique du Nord, bien que composée d'économies plus avancées, a également des besoins en infrastructures et en financement. Actuellement, moins de la moitié de ce montant est financé selon Dzekashu et Anyu (2020). En outre, «ce déficit d'investissement...[présentait] une opportunité unique pour les États-Unis et l'Occident de s'engager avec leurs... [partenaires] africains pour offrir une alternative à ce qui est devenu des pratiques d'investissement chinoises douteuses» (Dzekashu et Anyu, 2020, p. 21). Avec l'urbanisation rapide, la population active a augmenté de 20 millions de personnes par an, ce qui indique que les besoins en infrastructures de l'Afrique ne font que croître (Lauridsen, 2017). Cette augmentation de la population confirme le besoin urgent d'investissements privés à l'intérieur du continent qui ne peut être satisfait que par des financements extérieurs.

L'approche de la Chine en matière de partenariat pour le développement en Afrique a été considérée avec une pure méfiance (Dzekashu et Anyu, 2020), en raison de l'imprécision des accords qui évoquent la possibilité d'un surendettement dans de nombreux pays emprunteurs (Hurley et al., 2018); une question que les critiques n'ont pas cessé de commenter.

Depuis le lancement de l'ICR en 2013, elle a démontré une croissance constructive dans la connectivité des infrastructures, la construction ferroviaire, les pipelines énergétiques et la production d'électricité (Jin, 2017) dans de nombreux pays africains. De nombreux projets d'infrastructure achevés par la Chine avant 2013 dans les pays membres ont maintenant été rebaptisés projets ICR (Zou, 2019). L'ancienne secrétaire d'État américaine Hillary Clinton a averti l'Afrique au début de l'union avec la Chine en ces termes: «L'Afrique doit se méfier du nouveau colonialisme joué par la Chine» (China times, 2011 et The China Times, 2011). L'imprécision des engagements augmente le risque de surendettement dans certains pays emprunteurs (Hurley et al., 2018), un problème sur lequel l'Occident continue de mettre l'accent. L'accent mis sur les éventuels résultats négatifs des engagements en Afrique tend à masquer les succès du développement (Dzekashu et Anyu, 2020).

PROBLÈMES DE L'EXPLORATION PÉTROLIÈRE PAR LA CHINE

Cependant, l'exploration pétrolière par la Chine dans les pays africains n'a pas suivi une voie facile, bien que la bonne volonté diplomatique ait été développée pendant des décennies. En particulier, les controverses et les différends entre la Chine et les pays occidentaux n'ont jamais cessé.

Depuis que la Chine est devenue le deuxième consommateur mondial de pétrole en 2004, la concurrence avec les pays occidentaux, en particulier les États-Unis, est devenue de plus en plus intense (Hill, 2004) La compagnie pétrolière publique chinoise — Chinese National Offshore Oil Corporation (CNOOC) a été forcée d'annuler une offre d'achat du producteur américain Unocal par la farouche opposition politique (Reuters, 2006). La Chine a également contrecarré les efforts des États-Unis pour imposer des sanctions au Soudan, dont les exportations de pétrole représentent 5 % des importations de pétrole de la Chine, tandis que les États-Unis ont affirmé qu'un génocide s'était produit dans la région du Darfour en 2004 (McLaughlin, 2005). De plus, la Chine a été blâmée pour l'augmentation spectaculaire des prix du pétrole sur le marché mondial. Néanmoins, les États-Unis, le Royaume-Uni, la France et d'autres pays représentent toujours 70 % des investissements directs étrangers en Afrique. Les compagnies pétrolières américaines sont toujours en tête de la technologie d'extraction pétrolière offshore (Wolfe, 2016).

La Chine a adopté une stratégie d'aide contre le pétrole dans les pays africains. Il s'agit d'une voie très traditionnelle — offrant aux pays pauvres des accords commerciaux complets et exploratoires combinés à une aide — au développement utilisée par l'Europe, le Japon et les États-Unis (Pan, 2006). Cependant, les préoccupations en matière de droits de l'homme et de démocratie, de gouvernance transparente et de responsabilité sont devenues des luttes constantes entre la Chine et les pays occidentaux.

Le gouvernement chinois tient au principe de «non-ingérence dans les affaires intérieures». Cela conduit à des attitudes différentes de la Chine à l'égard des droits de l'homme et des questions de démocratie dans les pays africains instables. Par conséquent, la Chine a utilisé tous les recours, y compris les droits au Conseil de sécurité de l'ONU, pour sécuriser son exploration pétrolière au Soudan, même si les pays occidentaux ont condamné le génocide et appelé à des sanctions internationales contre le Soudan (Pan, 2006). Par conséquent, l'exploration pétrolière en Afrique comporte un risque hautement politique.

La transparence et la bonne gouvernance dans les pays africains signifient également la mise en œuvre et l'application des mesures anti-corruption. Le Soudan reste le pays le plus pauvre du monde (Pan, 2006). L'une des causes possibles est que la façon dont les compagnies pétrolières chinoises font des affaires peut rendre les gouvernements africains plus corrompus. La Chine verse d'énormes sommes de crédits ou de prêts avancés pour le développement des infrastructures; par conséquent, il est difficile de s'assurer que les revenus pétroliers profitent à la population. Une autre cause possible liée à la transparence dans les pays africains est que la Chine est plus encline à verser des pots-de-vin et toutes sortes de *bonus au noir*. Ces phénomènes sévissent dans toute l'Afrique, en particulier au Nigeria, en Angola et en Guinée équatoriale et, dans une certaine mesure, au Tchad et au Gabon. Mais cette façon de faire des affaires n'est pas acceptable par les Européens et les Américains (Colombant, 2004).

Bien que la Chine ait été considérée avec plus de crédibilité que les États occidentaux à l'héritage impérialiste (Hill, 2004), son investissement et sa présence en Afrique ont également deux facettes. D'une part, les entreprises chinoises apportent des avantages au peuple africain, notamment l'amélioration des infrastructures et une certaine amélioration du niveau de vie. D'autre part, le lien entre la production de pétrole et les ventes d'armes en provenance de Chine ne fait qu'aggraver l'instabilité du continent africain. De 1996 à 2003, des ventes et des transferts d'armes ont été découverts au Soudan, en Guinée équatoriale, au Burundi, en Tanzanie et au Zimbabwe (Pan, 2006). De plus, les compagnies pétrolières chinoises agissent principalement en tant qu'acheteurs, et non en tant qu'investisseurs, pour le pétrole offshore car elles ne disposent pas de la technologie de pointe disponible dans les pays occidentaux (Colombant, 2004).

Un autre problème est que les compagnies pétrolières chinoises ont été accusées d'avoir tendance à surpayer les participations. En janvier 2006, China CNOOC a payé un quart de milliard de dollars de plus que ce qui avait été offert par la société d'État indienne ONGC (Oil and Natural Gas Corp) pour le champ pétrolier et gazier offshore d'Akpo au Nigeria (Zhang, 2006). Bien que la Chine considère ce succès, les concurrents internationaux le perçoivent différemment.

Enfin, des risques existent en matière de sécurité du transport maritime car 70 % des importations chinoises de pétrole doivent passer par le canal de Malacca, mais la Chine n'a pas la capacité de protéger ses routes de transport maritime (Chinese Academy of Social Sciences, s.d.).

OBJECTIFS ET PORTÉE

L'objectif de ce chapitre est de présenter une synthèse impartiale de la littérature existante, de l'évaluation des projets et des perspectives économiques de certains pays en relation avec l'ICR. En outre, il fournit des statistiques sur les projets ICR en Afrique par sous-régions telles que définies par les Nations Unies. Le chapitre fournit en outre une évaluation du projet et une discussion des perspectives économiques dans certains pays des sous-régions. En outre, le chapitre présente une synthèse indépendante de la littérature dominante concernant les relations commerciales de la Chine en Afrique par le biais de l'ICR; fournissant des statistiques sur les projets en Afrique par sous-région, fournissant en outre une évaluation de certains projets et un examen des perspectives économiques dans les pays membres triés sur le volet qui ont considérablement bénéficié des engagements de l'ICR. La perception de l'Occident sur les engagements de la Chine en Afrique diffère des points de vue de la Chine et de la plupart des pays africains qui ont bénéficié de ces engagements et soutiennent que la Chine s'est tenue dans le fossé des infrastructures comme une alternative à l'Occident (Dzekashu et Anyu, 2020). *Une autre question à laquelle cette publication cherche à répondre est de savoir si les engagements pris dans le cadre de l'ICR conduisent à des résultats de développement constructifs en Afrique.*

MÉTHODOLOGIE DE RECHERCHE

Ce livre emploie une combinaison de méthodes de revue de littérature semi-systématique et systématique pour les analyses et la synthèse des résultats discutés ici. Une revue systématique de la littérature est une méthode et un processus pour identifier et évaluer les recherches pertinentes, et pour collecter et analyser les données desdites recherches(Snyder, 2019). Cette méthode aide également à identifier les sujets ou les questions nécessitant des investigations supplémentaires. Le manque de sources publiques d'informations sur les projets de pipeline ICR a entraîné le développement de méthodes créatives d'évaluation de l'impact économique des engagements des partenaires. L'approche utilisée par Hurley et al. était de rassembler des sources officielles déclarées publiquement pour créer des pipelines de prêts de projets pour les pays identifiés comme très vulnérables au surendettement (2018). Ces informations ont ensuite été triangulées par les médias et d'autres sources supplémentaires. L'approche de Zhai, d'autre part, consistait à étudier l'impact macroéconomique de l'ICR en mettant en œuvre un modèle d'équilibre général calculable global (établi comme une norme pour l'évaluation des implications de la dette) qui utilise des données économiques réelles pour projeter les réactions économiques aux changements de politique, de technologie ou autres facteurs externes (2017). Les deux modèles tentent d'employer une approche quantitative pour déterminer l'impact de l'ICR sur la dette des pays membres, et les méthodes ne sont pas sans limites. Le manque de transparence dans les rapports sur les activités de crédit dans les pipelines de projets présente un risque d'inexactitude dans les rapports.

L'examen semi-systématique de la littérature a été utilisé pour synthétiser les résultats de différents projets de recherche avec les rapports disponibles. Snyder (2019) a indiqué que cette méthode n'est pas sans limites, telles que des détails restreints sur la stratégie de recherche globale, des processus de sélection inadéquats, qui manquent souvent de détails sur la manière dont les analyses ont été menées. Une revue systématique de la littérature est une méthode et un processus pour identifier et évaluer les recherches pertinentes, ainsi que pour collecter et analyser les données desdites recherches (Snyder, 2019). Dans cette méthode, les résultats des articles qualitatifs et quantitatifs spécifiques aux projets ICR ont été suivis au fil du temps, analysés et évalués. L'objectif était d'identifier les tendances et les modèles interprétables révélés (Snyder, 2019). L'approche semi-systématique a été utilisée parce que la recherche visait à répondre à une question de nature générale: *les engagements pris dans le cadre de l'ICR conduisent-ils à des résultats de développement constructifs en Afrique ?* D'autres stratégies mises en œuvre avec la méthode de revue de littérature semi-systématique consistaient à identifier les grands thèmes de la littérature, tout en analysant l'état des connaissances et en passant en revue les contributions apportées à travers des modèles théoriques. Le manque de clarté dans les rapports sur les activités de crédit dans la réserve de projets continue d'être une source de risque d'inexactitudes dans les rapports. Pour que le résultat de toute recherche soit digne de confiance, il y a des étapes et des actions à suivre et à prendre, pour assurer des rapports exacts et précis.

Cette approche permet de fournir des liens explicites entre l'évolution de la production, les modes de consommation et les changements dans le commerce. Une fois obtenues à partir de différentes méthodes, les données sont ensuite triangulées avec des informations provenant des médias et d'autres sources. Le modèle de gravité, extrait de la loi de la gravitation universelle d'Isaac Newton, est largement utilisé pour analyser les impacts et les modèles commerciaux (Lu et al., 2018). Le modèle théorise que dans le commerce international, les pays commercent proportionnellement à la taille de leur marché (PIB) et à la distance entre les pays (proximité), représentant le coût d'un commerce. Le modèle ne représente pas les liens indirects entre les divers éléments des économies pour différents secteurs à un niveau plus désagrégé (Lu et al., 2018). Contrairement au modèle CGE, le modèle de gravité ne peut identifier que les effets statiques de l'infrastructure de transport sur le commerce bilatéral, en maintenant tous les autres facteurs constants. Selon Lu et al. (2018), il existe une relation positive entre les infrastructures de transport et la connectivité et le commerce bilatéral avec un impact statistiquement significatif dans l'étude qui a analysé la région ICR, l'UE et d'autres pays. L'utilisation des deux modèles est un effort pour utiliser une approche quantitative pour déterminer l'impact de l'ICR sur la dette des pays membres, bien qu'ils ne soient pas sans limites.

CHAPITRE DEUX:

LIENS DE LA CHINE AVEC L'AFRIQUE

LA RECHERCHE DE LA SECURITE ENERGETIQUE

La Chine en 2022 a des liens étendus avec l'Afrique, reflet de sa recherche à long terme d'une source stable de pétrole pour soutenir sa population et son industrialisation. Ses efforts ont emprunté des voies différentes au fil du temps, remontant aux années 1950 lorsqu'il a décidé d'abandonner sa politique traditionnelle d'autosuffisance, qui avait été conçue pour éviter la dépendance vis-à-vis d'autres pays. À ce moment-là, les dirigeants chinois ont reconnu que leurs propres approvisionnements nationaux en pétrole ne pouvaient pas répondre aux besoins énergétiques prévus du pays avec une population en croissance rapide et une industrialisation à l'échelle de l'économie.

Ce chapitre examine les actions des responsables chinois pour assurer un flux constant de pétrole vers la Chine, à partir de la géopolitique de la guerre froide et de la période de décolonisation perturbatrice en Afrique. Il couvre la première période qui a suivi la conférence de 1955 des pays non alignés à Bandung, en Indonésie, lorsque le premier ministre Zhou Enlai a cherché à établir des liens avec les nations africaines nouvellement indépendantes. Il se concentre également sur la période après 2000, lorsque la Chine a lancé un programme ambitieux pour assurer un flux régulier de pétrole en provenance d'Afrique. Au fil du temps, la Chine a utilisé de multiples stratégies pour formaliser ses liens avec l'Afrique. Un élément central de ce programme a été la formation du Forum de Coopération Sino-Afrique (FOCSA) en 2000. Ce fut un pas de géant pour garantir un accord à long terme pour les importations de pétrole en provenance des pays africains. Il a formalisé les relations ad hoc dans une approche plus globale qui couvrait de nombreuses formes de coopération pour développer le commerce et l'investissement avec l'Afrique (Van Staden, 2020).

PREMIÈRES INITIATIVES

Au milieu du XXe siècle, la Chine s'était fortement appuyée sur la Russie, son allié politique de longue date, en tant que source continue de pétrole pour aider son économie en expansion. Lorsque leur relation s'est détériorée lors de l'effondrement de l'Union soviétique dans les années 1990, la Chine s'est tournée vers d'autres marchés étrangers pour répondre à ses besoins énergétiques. Pendant un certain temps, il a exploré la perspective de nouveaux liens avec les pays du Moyen-Orient, dont le Koweït et l'Irak. La Chine a signé un accord pétrolier majeur avec le président irakien de l'époque, Saddam Hussein, dans lequel la Chine développerait la raffinerie de pétrole d'Ahdab en échange de nouveaux approvisionnements en pétrole pour la Chine (Reuters News, 2007). Ce nouvel arrangement a offert un certain soulagement à la Chine, mais il s'est brusquement arrêté avec l'invasion et l'occupation américaines de l'Irak en 2003. La Chine craignait également que les États-Unis ne déstabilisent la région en attaquant les installations nucléaires de l'Iran, perturbant davantage le flux de pétrole de la région. Comme l'a dit Shen Dingli, professeur de relations internationales à l'Université de Fudan, «nous avons été trop dépendants du pétrole du Moyen-Orient, et nous voulons diminuer cette dépendance pour avoir la sécurité énergétique» (Goodman, 2007).

LE RAYONNEMENT DE ZHOU ENLAI EN AFRIQUE

A la suite de la participation de la Chine à la conférence de Bandung en 1955, le Premier ministre Zhou Enlai a reconnu que les pays africains, avec leurs importantes ressources pétrolières, pourraient devenir des partenaires stratégiques à long terme pour la Chine. Il a d'abord adopté une approche discrète, favorisant les relations bilatérales avec certains pays africains. Au début des années 1960, il parcourt l'Afrique, cherchant à dynamiser le commerce. Ce faisant, il a souligné la promesse de non-ingérence de la Chine dans les affaires intérieures des autres pays. Avec les pays nouvellement indépendants, il a promu «la solidarité Sud-Sud et les récits de victimisation partagée par les puissances occidentales» (Ayodele et Sotola, 2014). Pendant cette période, la Chine a financé de nombreux projets de construction grâce à des relations bilatérales ad hoc avec des pays africains. Dans les années 1960 et 1970, la Chine a fourni une aide à trente pays africains. Au début de cette période, la part de la Chine dans le pétrole africain importé n'était que de 9 % (Van Staden, 2020).

En signe de bonne volonté, Zhou Enlai a également offert l'aide de son pays pour résoudre certains problèmes transfrontaliers qui entravaient le développement. Un exemple significatif est la construction du chemin de fer Tanzanie-Zambie financé par la Chine (TAZARA). Il a été achevé en 1975 et a offert un modèle de vitrine à tous les Africains, une démonstration de ce que les Africains pourraient gagner en ayant des liens étroits avec la Chine (Van Staden, 2020).

Dans les années 1990, la Chine s'est concentrée avec une nouvelle urgence sur l'objectif d'assurer un flux régulier de pétrole en provenance des pays africains. Au lendemain de la mort en 1989 d'étudiants pro-démocratie sur la place Tiananmen, les pays européens avaient imposé de nouvelles sanctions économiques à la Chine. Elle a été contrainte de diversifier rapidement ses partenaires commerciaux. Il a ainsi promu une «stratégie de sortie» plus agressive dans laquelle les entreprises publiques ont été poussées à trouver de nouveaux marchés et sources de produits de base à l'étranger. Au cours des prochaines années, la Chine a annulé une dette totale de 1,3 milliard de dollars de 31 pays africains (Van Staden, 2020).

LA FORUM DE LA COOPÉRATION CHINE-AFRIQUE

La formation du FOCSA en 2000 a remplacé la relation ad hoc que la Chine entretenait auparavant avec l'Afrique. Au cours de la décennie suivante, le FOCSA est progressivement devenu une plate-forme importante et permanente pour la coopération sino-africaine dans les domaines du commerce, de l'investissement, de la sécurité et des infrastructures. Sa première réunion s'est tenue à Pékin en 2000 et s'est concentrée sur l'expansion du commerce. Des réunions régulières étaient prévues tous les trois ans, alternant entre la Chine et l'Afrique. Elle s'est souvent transformée en réunion au sommet en présence des chefs d'État.

Au fil du temps, son rôle s'est élargi et il est devenu «un rôle beaucoup plus complet couvrant la coopération formelle» (Van Staden, 2020, p. 54).

En 2001, la Chine était devenue de plus en plus dépendante du pétrole étranger pour sa croissance économique, important plus de 60 millions de tonnes de pétrole. L'année suivante, elle a consommé plus de 6,4 % de toute la production mondiale de pétrole. Trois ans plus tard, il était devenu le deuxième consommateur mondial de pétrole, dépassant le Japon (El-Khawas, s.d.). Pendant cette période, ses relations diplomatiques et économiques croissantes avec les pays africains riches en pétrole ont joué un rôle majeur en aidant la Chine à répondre aux exigences de sa croissance économique à deux chiffres. Un indicateur de ces liens croissants est que la Chine a annulé 10 milliards de dollars de dette africaine en 2003 et a offert un nouvel allégement de la dette (Edoho, 2011).

NOUVEAU PRÉSIDENT, NOUVELLE STRATÉGIE

En 2003, Hu Jintao est devenu président de la Chine et a fixé un nouveau cap pour assurer à la fois un flux régulier de pétrole et un programme élargi de liens avec l'Afrique. Il a réaffirmé la stratégie globale envers l'Afrique pour assurer un approvisionnement adéquat en pétrole et a pris de nouvelles mesures pour renforcer encore plus le rôle de la Chine. Lui et de hauts responsables chinois se sont rendus à plusieurs reprises en Afrique, cherchant à renforcer les relations bilatérales et à proposer des idées pour promouvoir le commerce et l'investissement. Comme prévu, il a de nouveau souligné que la Chine n'envisageait pas de tenir compte des conditions politiques de ses partenaires commerciaux. Ils ont offert des prêts à faible taux d'intérêt et des crédits préférentiels sans conditions. Contrairement aux Européens, ils n'interviendraient pas dans les affaires intérieures des autres pays ni n'imposeraient de conditions de gouvernance ou de probité fiscale. Ils n'utiliseraient jamais des mesures coercitives pour réaliser des gains politiques (Lyman, 2005).

Premier signe de ses efforts, 62 % des importations chinoises en provenance d'Afrique concernaient du pétrole et du gaz en 2004. Cela représentait 28 % des importations chinoises de pétrole. Dans le cadre de sa concentration sur l'énergie et les minéraux africains, la Chine a également obtenu des droits de forage en Angola, au Nigeria et au Soudan et a signé des accords de concessions d'exploration au Tchad, au Congo, en Éthiopie, en Guinée équatoriale, au Gabon, au Kenya et en Mauritanie (Timberg, 2006).

Au cours des années suivantes, la Chine a également ouvert les marchés africains aux produits chinois. À l'automne 2004, la Chine avait signé de nouveaux accords commerciaux avec 40 pays africains. De nouveaux efforts majeurs ont été déployés pour alléger le fardeau financier de 31 pays africains, la Chine annulant 10 milliards de dollars de dette et fournissant 5,5 milliards de dollars d'aide(French, 2004).

En 2006, le deuxième FOCSA s'est réuni en Chine. En ouvrant la conférence, «le gouvernement chinois a annoncé 5 milliards de dollars de prêts concessionnels à l'Afrique». L'année suivante, le volume des échanges entre la Chine et l'Afrique s'élevait à plus de 450 milliards de dollars, soit une augmentation de 42 % en une seule année (Edoho, 2011).

Pour étendre un réseau plus large, la Chine a signé des accords avec d'autres États africains pour assurer un approvisionnement régulier en pétrole africain et se protéger contre les fluctuations des prix. À ce stade, les exportations de pétrole et de gaz constituaient les deux tiers des exportations de l'Afrique vers la Chine.

En échange, les Africains importaient de Chine des produits manufacturés, du matériel de transport et des armes (Edoho, 2011). Ces importations représentaient 45 % des importations de produits manufacturés, 31 % des importations de transport et 24 % des importations d'armes (Melber, 2008).

UNE APPROCHE PRAGMATIQUE

La Chine a fait preuve de pragmatisme dans le renforcement des liens économiques avec les pays africains riches en pétrole. Il a souligné son identité de tiers monde pour promouvoir le commerce et a fait valoir que les opportunités d'investissement étaient mutuellement bénéfiques pour les deux parties. Contrairement à la Banque mondiale et au Fonds monétaire international (FMI), la Chine a offert de l'aide et du commerce aux Africains sans aucune condition. Ils étaient contre le recours aux embargos, qui avaient souvent été utilisés contre la Chine (French, 2004). Les nouvelles actions de la Chine sont intervenues à un moment où d'autres économies souffraient de la stagnation du commerce et d'une forte baisse des investissements étrangers. Dans ce contexte, la Chine a pu renforcer ses liens avec l'Afrique en augmentant ses investissements dans les régions qui en avaient besoin. Pour accélérer le processus, les entreprises chinoises ont été autorisées à négocier des droits d'exploration pétrolière et à conclure des accords pour d'énormes approvisionnements en pétrole (Huss, 2006).

Pour atteindre leurs objectifs, elles visaient à travailler plus dur et plus intelligemment pour conclure des accords pétroliers, malgré certains marchés hautement concurrentiels qui avaient longtemps été dominés par des sociétés occidentales. Ils étaient pratiques, faisant tout ce qui était nécessaire pour augmenter les approvisionnements en pétrole de la Chine. La Chine a également été généreuse dans le transfert des compétences et le développement du capital humain. Il a formé 16 000 professionnels africains entre 2000 et 2006 et programmé 20 000 autres pour la formation entre 2010 et 2012 (Ayodele et Sotola, 2014). La Chine a également accru son attention sur les droits miniers. Elle a obtenu des droits de forage au Soudan, en Angola et au Nigéria et des concessions d'exploration au Tchad, en Éthiopie, en Guinée équatoriale, au Gabon, en Mauritanie, au Kenya et en République du Congo (Timberg, 2006).

Les initiatives de la Chine au Soudan illustrent bien ses nouvelles stratégies. La Chine a pu profiter de l'absence des compagnies pétrolières occidentales à cette époque et s'est mise à construire l'industrie pétrolière soudanaise, la transformant en un important producteur de pétrole. La Chinese National Petroleum Corporation (CNPC) est devenue le plus grand investisseur dans le pétrole soudanais, détenant une participation de 40 % dans la société Greater Nile Petroleum Operating. La Chine a également dépensé 3 milliards de dollars pour construire une raffinerie et un oléoduc de 900 milles jusqu'à Port Soudan sur la mer Rouge pour faciliter l'expédition de pétrole (Brooks et Shin, 2006). Les Chinois ont investi massivement dans le pétrole léger doux du Soudan, qui était de haute qualité mais en pénurie sur les marchés mondiaux. La majeure partie de cette production pétrolière a été exportée vers la Chine (Pan, 2006). Le pétrole soudanais représentait désormais 7 % des importations totales de pétrole de la Chine.

La Chine a balayé les critiques des pays occidentaux et des groupes de défense des droits de l'homme pour avoir fait des affaires avec le Soudan malgré les atrocités dans la région du Darfour. M. Zhou, vice-ministre chinois des Affaires étrangères, a clairement indiqué que la Chine n'interviendrait pas dans les affaires intérieures du Soudan ni ne soutiendrait les efforts des États-Unis pour amener les Nations Unies à imposer des sanctions pétrolières au Soudan (Brooks et Shin, 2006).

Par sa non-intervention dans les affaires intérieures du Soudan à cette époque, la Chine a pu démontrer les avantages que d'autres nations africaines pourraient tirer de faire des affaires avec la Chine. Il a clairement montré les avantages de la non-intervention comme moyen d'accroître le commerce et l'investissement en Afrique. Cela a également démontré le sérieux des efforts de la Chine pour la sécurité énergétique et sa volonté de faire des affaires partout où elle le pouvait pour verrouiller les accords pétroliers (Goodman, 2004).

Les efforts de la Chine pour accroître son engagement envers l'Afrique ont bien porté leurs fruits en Afrique de l'Ouest. En 2003, par exemple, une entreprise chinoise de fabrication de bagages a établi une usine au Nigeria pour apporter des revenus au gouvernement (Ayodele et Sotola, 2014). En mars 2004, l'Angola a reçu un prêt de 2 milliards de dollars de la Chine pour reconstruire les infrastructures qui avaient été détruites pendant sa guerre civile. En retour, la Chine recevait 10 000 barils de pétrole brut par jour. Un an plus tard, le gouvernement angolais a réussi à faire pression sur la Royal Dutch/Shell Company pour qu'elle vende une participation de 50 % dans un champ pétrolifère à la Chinese Petrochemical Corporation (SINOPEC) (Brooks et Shin, 2005).

Les responsables angolais ont félicité Pékin pour avoir fourni une aide sans conditions. Son aide avait évité à l'Angola d'avoir à se conformer aux pressions de la Banque mondiale pour mettre fin à la corruption et promouvoir la bonne gouvernance. L'Angola a renforcé ses liens commerciaux en augmentant ses exportations de pétrole vers la Chine, ce qui a fait de l'Angola non seulement le deuxième fournisseur de pétrole de la Chine, mais aussi son deuxième partenaire commercial en Afrique (Servant, 2005).

Chaque fois qu'il y avait un besoin, la Chine a agi rapidement pour combler le vide. Les prêts chinois, y compris ses prêts concessionnels à l'Afrique, ont atteint un total de 800 millions de dollars en 2005. Son financement des infrastructures est passé de 1 milliard de dollars en 2003 à 7 milliards de dollars en 2006 (Ayodele et Sotola, 2014). Lorsque le Forum de 2006 s'est tenu à Pékin, la première fois qu'il s'est tenu au niveau du sommet, le président Hu Jintao a annoncé 5 milliards de dollars de prêts concessionnels à l'Afrique (Van Staden, 2020).

La politique de non-ingérence de la Chine a été bien accueillie par les dirigeants africains. Elle a ouvert de nouveaux espaces de commerce et d'investissement dans des domaines où les entreprises occidentales n'ont manifesté aucun intérêt. Lorsque la Banque mondiale et l'USAID ont considérablement réduit leur soutien à l'agriculture, la Chine est intervenue. À titre d'exemple, la Banque mondiale a cessé de soutenir les producteurs africains d'huile de palme sous la pression d'organisations environnementales non associatives. En revanche, les entreprises chinoises se sont engagées dans d'énormes améliorations des infrastructures africaines qui soutiendraient les produits agricoles. Ils «ont construit des ponts, modernisé les chemins de fer, les réseaux de télécommunication et d'autres infrastructures indispensables» sans condition (Ayodele et Sotola, 2014).

La China National Offshore Oil Corporation a pris le contrôle d'une raffinerie de pétrole nigériane qui n'était pas rentable pour les sociétés étrangères. Un an plus tard, China National Weapons Suppliers a versé 2,27 milliards de dollars à la Nigeria National Offshore Corporation pour une participation de 45 % dans un champ pétrolier offshore, qui pourrait produire environ 175 000 barils par jour. L'objectif était de la rendre plus productive d'ici 2008. Elle a également repris une autre raffinerie de pétrole nigériane non rentable, qui était un important fournisseur de pétrole pour l'Europe occidentale et les États-Unis (Linebaugh, 2006).

Les investissements croissants de la Chine ont stimulé les marchés africains et ses prêts ont aidé les pays africains à se concentrer sur le développement et la reconstruction. Le financement de la Chine pour des projets d'infrastructure était indispensable pour stimuler la reprise économique et développer l'électricité et l'énergie. Un prêt de 5,3 milliards de dollars a spécifiquement financé des infrastructures gazières et des projets énergétiques pour accélérer le développement de l'Afrique. Ces investissements dans l'électricité et la sécurité énergétique ont offert une aide très importante qui est intervenue à un moment risqué où la violence était généralisée dans plusieurs pays africains (Toogood, 2016).

La stratégie du bénéfice mutuel continue de porter ses fruits. Le modus operandi de la Chine à ce stade consistait à échanger des produits manufacturés chinois contre des matières premières africaines. La plupart des financements chinois étaient destinés à des «installations adossées à des ressources avec des prêts pour le pétrole. Un projet hydroélectrique sur le fleuve Congo était «soutenu par du pétrole brut. Les projets d'infrastructures énergétiques et gazières du barrage de Bui au Ghana ont été garantis par du pétrole, de cacao et du pétrole brut» (Adam, 2019, p. 5-6). Cela a également conduit la Chine à soutenir les efforts de consolidation de la paix pour protéger ses investissements. Elle a investi dans la force militaire africaine et la Chine a continué son rôle de fournisseur majeur d'armes aux nations africaines (Melber, 2008).

D'autres exemples aident à démontrer l'ampleur et la portée des investissements chinois au cours de cette période.

*En 2005, la Chine et le Nigeria ont signé un accord de 800 millions de dollars pour la vente de pétrole brut, avec l'espoir que la Chine achèterait 30 000 barils par jour pendant 5 ans. Il a également obtenu une licence pour exploiter quatre blocs pétroliers et reprendre une raffinerie nigériane (Ayodele et Sotola, 2014).

* En 2006, la China Civil Engineering Construction Corporation (CCECC) a annoncé qu'elle investirait 8 milliards de dollars pour moderniser le chemin de fer nigérian. Ce montant a ensuite été réduit à 850 millions de dollars (Ayodele et Sotola, 2014).

* Lors du sommet de 2006, le Fonds de développement Chine-Afrique a été créé avec une capitalisation initiale de 1 milliard de dollars, qui a continué d'augmenter au cours des années(Van Staden, 2020).

*À la fin de 2007, la Chine a financé les deux tiers des coûts de construction de 10 grands barrages hydroélectriques dans neuf pays africains pour un total estimé à 5 milliards de dollars américains. Les barrages devaient générer 6000 mégawatts d'électricité.

* En octobre 2008, la Sino-Hydro Company a prêté au Ghana 562 millions US pour financer le projet hydroélectrique de Bui. Il devait

générer 400 mégawatts d'électricité dans la région de Brong Ahafo au Ghana.

* La Banque de développement de Chine a approuvé un prêt de 3 milliards de dollars américains pour développer une infrastructure gazière afin de commercialiser le gaz des champs Jubilee au large des côtes du Ghana. SINOPEC exécutait le contrat.

* La Chine était également impliquée dans des projets d'énergie thermique au Soudan (1,120 MW), au Nigeria (813 MW) et au Ghana (200 MW).

* En 2009, la Chine avait annulé 3,83 milliards de dollars de dettes principalement pour les pays africains. Pour alléger le fardeau, la Chine «a exempté 440 exportations africaines des tarifs chinois» (Ayodele et Sotola, 2014).

Dans l'ensemble, ces énormes investissements chinois ont joué un rôle déterminant dans la croissance économique de l'Afrique de 5,8 % en 2007. Il s'agissait d'un nouveau record de la croissance économique du continent (Ayodele et Sotola, 2014).

Lors du sommet du FOCAC de 2009 à Charm el-Cheikh en Égypte, la Chine a annoncé que les prêts concessionnels étaient passés à 10 milliards de dollars. Au sommet de Pékin de 2012, ces prêts étaient passés à 20 milliards de dollars (Van Staden, 2020).

Le Forum sur la Chine et l'Afrique (FCA) en 2013 a atteint un nouveau record d'investissements. Le commerce chinois avec l'Afrique est passé de 6 milliards de dollars à 107 milliards de dollars par an. L'Angola, l'Égypte, le Nigeria, l'Afrique du Sud et le Soudan ont largement bénéficié de leurs liens étroits avec la Chine. Les investissements directs de la Chine au Nigéria, par exemple, sont passés de 85,8 millions de dollars en 2013 à 116,87 millions de dollars l'année suivante(Toogood, 2016).

Après sa retraite en tant que président chinois en 2013, Hu Jintao a poursuivi son implication en Afrique pour promouvoir de bonnes relations. Il a offert 18 000 bourses gouvernementales de deux ans pour former 30 000 Africains dans de nombreux secteurs. De nombreux pays africains avaient bénéficié des prêts offerts par les banques chinoises ainsi que des subventions et des prêts à des taux concessionnels, mais certains gouvernements africains étaient de plus en plus préoccupés par leurs énormes dettes. Pour alléger le fardeau, la Chine s'est engagée à rembourser 1,2 milliard de dollars de dette due par les pays africains (Ayodele et Sotola, 2014).

Au cours de cette période, les investissements et le commerce chinois ont été menacés par l'augmentation de la violence et la détérioration de la sécurité dans certains pays africains. Des travailleurs pétroliers chinois ont été attaqués en Éthiopie, au Nigeria et au Soudan. Les marins chinois ont été ciblés par des pirates somaliens dans le golfe d'Eden jusqu'à ce qu'une rançon soit payée (Toogood, 2007). La détérioration de la sécurité a forcé la Chine à remplacer sa stratégie de non-ingérence par davantage de restrictions sur certains États africains, alors même que son niveau global d'investissement augmentait. En 2015, lors de la réunion du FOCAC qui s'est tenue à Johannesburg, en Afrique du Sud, la Chine a annoncé un ensemble de prêts comprenant «[US]5 milliards de dollars d'aide et de prêts sans intérêt, 35 milliards de dollars de crédits à l'exportation et de prêts concessionnels, 5 milliards de dollars de capital supplémentaire pour la Chine-Africa Development Fund et 5 milliards de dollars supplémentaires pour un prêt spécial pour le développement des petites et moyennes entreprises africaines et 10 milliards de dollars de capitalisation pour un Fonds de coopération pour les capacités de production Chine-Afrique [(CAPCCF)]» (Van Staden, 2020, p. 54).

La Chine et le Nigéria ont finalisé un nouvel accord de 23 milliards de dollars en septembre 2016 dans lequel la Chine construirait trois raffineries dans les États de Kogi, Lagos et Bayelsa. En vertu de cet accord, un forum sur le commerce et l'investissement Nigéria-Chine a été créé à Abuja. Lors de sa première réunion, les participants ont fait part de leurs inquiétudes quant au niveau élevé des investissements chinois au Nigeria, qui s'élevaient à plus de 80 milliards de dollars à l'époque. Cependant, le Nigéria a soutenu qu'il y avait des avantages pour les deux parties (Toogood, 2007).

En juin 2018, la Chine et le Nigéria ont signé un accord bilatéral d'échange de devises, conçu pour faciliter le commerce et l'investissement dans les deux sens. Il a fallu échanger 15 milliards de renminbi contre 720 milliards de naira, soit l'équivalent de 2,5 milliards de dollars. L'objectif était de maintenir la stabilité financière du marché et de faciliter les transactions commerciales. Les deux parties devaient s'entendre sur les détails de l'accord d'échange de devises. C'était un pas dans la bonne direction car cela aidait les entreprises et les investisseurs nigérians à chercher des affaires en Chine ou vice-versa. Exiger l'utilisation de monnaies locales leur a permis d'éviter l'utilisation du système bancaire nigérian (Bella et Ogunlase, 2018).

Au fil du temps, les lourds investissements de la Chine au Nigéria ont été attaqués par des observateurs extérieurs. Son implication dans l'électricité et l'énergie a été considérée par les critiques comme «une partie aux conflits en cours sur le contrôle et l'entretien des ressources naturelles, en particulier dans le delta du Niger»(Toogood, 2007, p. 4). Les Africains ont critiqué certaines pratiques qui permettaient d'embaucher des professionnels et des ouvriers chinois pour la construction et d'autres professions. Le ressentiment des Africains envers les travailleurs chinois qui acceptent tous les nouveaux emplois a été un facteur dans les violences récentes contre les travailleurs chinois. Les critiques ont également exprimé leur inquiétude quant au fait que les petits magasins chinois et les vendeurs ambulants vendaient des produits bon marché dans les magasins ou dans les rues à des prix que les marchands africains ne pouvaient pas se permettre d'offrir. D'autres se sont plaints du fait que les entreprises chinoises remportent d'importants appels d'offres dans le domaine de la construction, mais qu'elles dotent ensuite tous les emplois de professionnels et d'ouvriers chinois. Ils se sont également plaints du fait que les Chinois enfreignaient la loi en ignorant les procédures de sécurité (Melber, 2008).

CHAPITRE TROIS:

INVESTISSEMENT DE LA CHINE EN AFRIQUE

MODÈLES, PERSPECTIVES, ET IMPLICATIONS POUR LA CROISSANCE ET LE DÉVELOPPEMENT DE L'AFRIQUE

L'Afrique a connu l'exploitation de ses ressources par des puissances extérieures pour servir ses propres intérêts pendant de longues périodes de l'histoire (Anyu et Afam, 2008). Les précurseurs du colonialisme — Les Portugais ont été les premiers à mettre le pied sur le continent vers le XVe siècle pour l'exploration de l'or; ce qui conforte le fait que l'Afrique pendant près de 600 ans a fait l'objet de périodes d'exploitations litigieuses. Ce prétendu objectif de chercher à commercer ou à s'engager dans des affaires en Afrique a conduit à «la relégation de l'Afrique à un rôle périphérique dans l'économie mondiale» (Anyu et Afam, 2008, p. 92).

Les nations africaines n'ont pas été en mesure de négocier des accords mutuellement bénéfiques avec les nations européennes parce qu'elles comptent sur ces anciens maîtres coloniaux pour continuer à modeler des accords qui ont inévitablement freiné le développement sur le continent. L'incapacité des anciennes puissances coloniales à tenir leurs engagements ne laisse aujourd'hui à l'Afrique qu'une seule option: la Chine, qui a visiblement soutenu des projets de développement en échange de bonnes affaires. Ce livre examine l'immersion chinoise dans les marchés africains avec une attention particulière aux stratégies d'entrée, aux implications pour le renforcement des capacités et aux sensibilités aux problèmes liés à la responsabilité sociale. La Chine a développé des relations amicales avec la plupart des nations africaines et a encouragé la migration de certains de ses ressortissants vers l'Afrique. Ces entreprises exploitées par des Chinois, principalement dans le secteur informel, ont commencé à concurrencer les exploitants locaux moins qualifiés. Les besoins de la Chine en ressources naturelles et en produits agricoles correspondaient au besoin de l'Afrique de moderniser ses infrastructures (routes, chemins de fer, transports, équipements publics, hydroélectricité)

23

et de développer son capital humain. Pour réussir dans cet environnement économique et pour que les communautés africaines locales reconnaissent leur présence, le gouvernement chinois a encouragé ses citoyens en Afrique à prêter attention aux normes éthiques et aux problèmes éthiques qui pourraient être rencontrés. La Responsabilité Sociale des Entreprises (RSE) dans l'atmosphère des affaires d'aujourd'hui est incontournable et est devenue une partie intégrante des activités commerciales; la solidité environnementale et le progrès social (Cheng et Liang, 2011) pour parvenir à la croissance économique.

STRATÉGIES D'ENTRÉE SUR LE MARCHÉ

Les relations sino-africaines sont apparues comme une retombée des politiques géopolitiques chinoises en Asie. Le fameuse Ceinture Economique de la Route de Soie (SREB) et la Route Maritime de la Soie du XXIe siècle désormais appelée la Ceinture et la Route (LCLR) présentée internationalement sous le nom d'ICR, ont guidé les politiques chinoises vers cette périphérie géographique. L'ICR visait à renforcer le leadership économique de Pékin en s'engageant dans la construction de vastes infrastructures (Swaine, 2015). La ceinture fait référence aux corridors d'infrastructure d'interconnexion terrestres. Les relations sino-africaines font référence aux liens historiques, politiques, économiques, militaires, sociaux et culturels entre la Chine et le continent africain. «Les plus de 65 pays qui ont jusqu'à présent adhéré au programme (dont environ 20 d'Afrique) représentent 30 % du PIB mondial et 75 % de ses réserves énergétiques. Quelque 50 entreprises publiques chinoises mettent en œuvre 1,700 projets d'infrastructure dans le monde d'une valeur d'environ 900 milliards de dollars américains » (Nantulya, 2019, p. 1).

Les discussions relatives aux stratégies d'entrée sur le marché de l'Afrique se concentrent souvent sur les politiques étrangères et économiques ambitieuses déguisées en stratégies de développement. L'UCUR a pris de l'importance en tant que politique étrangère chinoise (Nantulya, 2019), mais plus important encore, c'est le fondement de la politique développée avec les nations africaines dans le cadre de leur architecture d'aide internationale. La politique d'aide de la Chine a suivi deux principales réformes axées sur le marché: premièrement, la diversification des sources de financement par le biais d'activités collaboratives et de coentreprises, et l'octroi de prêts à faible taux d'intérêt par l'intermédiaire de la Banque d'import-export (Exim) de Chine. Le développement du capital humain, la formation technique et le renforcement des capacités sont assistés par des structures comme le FOCAC (Cheng, Fang, et Lien, 2012). L'Occident continue de considérer cette politique chinoise agressive envers l'Afrique avec scepticisme et, dans certains cas, l'a décrite comme une approche d'exploitation et d'opportunisme (Anyu et Afam, 2008). Alors que les Africains considéraient la présence économique visible de Chinois sur leur continent comme louable, les Occidentaux ont de fortes impressions critiques à l'égard des accords et les considèrent comme injustes (Benjelloun, 2015).

La stratégie d'entrée de la Chine sur le marché africain est principalement axée sur la construction d'infrastructures. Sont décrits ici des exemples d'accords qui incluent des projets de construction ou de réhabilitation de chemin de fer. Dans le cas de la République démocratique du Congo (RDC), elle a été classée deuxième sur la liste des nations africaines en termes de croissance du PIB entre 2003 et 2009 grâce aux investissements directs étrangers chinois (Weisbrod et Whalley, 2011) — en 2007, elle a conclu un accord avec deux entreprises de construction chinoises China Railway Engineering Corporation (CREC), Sinohydro et Metallurgial Group Corporation pour achever des projets de construction ou de réhabilitation de chaussées et de voies ferrées, des centres de santé et des hôpitaux, des logements sociaux et des universités. La RDC a offert des entreprises minières de cuivre et de cobalt à la banque chinoise Exim comme garantie pour des prêts d'infrastructure. Les deux tranches successives de financement s'élevaient chacune à 3 milliards de dollars américains. La concession par la RDC était pour les Chinois de conserver 68 % de propriété.

En 2007, le Nigeria a également conclu un accord avec la China Exim Bank pour une ligne de crédit de 2 milliards de dollars, une offre que de nombreux pays africains ont perçue comme très compétitive pour financer des projets d'infrastructure en lien avec un accès préférentiel aux blocs pétroliers. Indépendamment de cet accord, le gouvernement chinois a offert une ligne de crédit d'un montant de 500 millions de dollars américains avec une ligne de crédit à l'exportation préférentielle. Bien qu'elle n'ait pas été suivie d'effet, cette ligne de crédit était à un moment, prévu pour la reconstruction du chemin de fer Lagos-Kano.

La Chine a émis plusieurs prêts garantis par le pétrole pour des projets de développement d'infrastructures en Angola en 2003 au taux interbancaire offert à Londres (LIBOR) plus 1,5 %. Plus précisément, Sinohydro a investi environ 900 millions de dollars américains dans 30 projets dans lesquels plus de 8 200 travailleurs locaux ont été employés (Cheng et Liang, 2011). Ces cycles de prêts étaient destinés à la reconstruction d'infrastructures ravagées par la guerre (agriculture, électricité, hôpitaux, systèmes d'irrigation, chemins de fer, écoles, télécommunications et systèmes de traitement de l'eau (Bräutigam, 2010) et financés à des taux non concessionnels. La controverse sur l'opportunisme et l'exploitation des trois accords décrits ci-dessus, devient un thème qui mérite d'être approfondi. Ce qui est évident dans ces accords, c'est qu'aucune des offres faites par la Chine à ces nations africaines ne semble avoir constitué une aide étrangère (aide publique au développement), il s'agissait plutôt de crédit pour des investissements futurs.

En ce qui concerne les stratégies d'entrée de la Chine en Afrique, il est impératif de comprendre également les tendances et les schémas migratoires. La migration chinoise vers l'Afrique peut être classée selon les trois types suivants: (1) migration de travail temporaire liée à des projets de travaux publics et d'infrastructure exécutés par des entreprises chinoises; (2) un flux migratoire entrepreneurial composé de commerçants originaires de Chine continentale dont certains sont issus des différentes communautés de la diaspora; (3) le flux migratoire de transit prolétarien constitué de personnes essayant de vendre leur travail dans les pays occidentaux en attendant en Afrique des opportunités d'entrer dans ces pays (Mung, 2008). Le nombre total de Chinois vivant dans 38 pays africains sélectionnés était de 129 605 en 2001 et devrait atteindre environ 820 050 entre 2003 et 2008 (Ohio University, 2001, 2003-2008). Avec les tendances de croissance exponentielle de la migration des Chinois vers l'Afrique, le nombre à la fin de 2008 avait dépassé le million; en revanche, on estime à 200 000 le nombre d'Africains travaillant en Chine. Selon le China-Africa Business Council, plusieurs milliers d'agriculteurs chinois ont émigré au Kenya, en Ouganda, au Ghana et au Sénégal, la plupart depuis la province du Hubei (Monson, 2005) , et d'autres au Zimbabwe, en Zambie et en Afrique du Sud (Sautman, 2006). Selon Zadek, et al.:

> Les Chinois réussissent largement dans le commerce international car, dans le cadre de leur stratégie d'entrée, ils cherchent à comprendre et à répondre aux «risques environnementaux, sociaux et de gouvernance, en maintenant leur «permis d'opérer» formel et informel grâce à des relations productives avec les organismes gouvernementaux, les communautés voisines, les travailleurs et les fournisseurs, et contribuer à assurer le développement durable de la région à la fois par leurs produits et services et par leur influence sur l'environnement local des affaires» (2009, p. 8).

Les entreprises chinoises actives en Afrique recherchent de plus en plus une main-d'œuvre locale bon marché (Benjelloun, 2015). Cette dépendance à l'égard d'une main-d'œuvre locale bon marché explique en partie la nécessité de répondre aux besoins de formation locaux pour soutenir les engagements futurs.

L'Afrique a une longue et troublante histoire d'expériences avec des puissances extérieures venant exploiter le continent pour ses ressources naturelles et humaines dans la poursuite de leurs propres objectifs économiques et de développement. Ces puissances extérieures jettent généralement un regard lubrique sur l'Afrique pour ses abondantes ressources naturelles. Les archives historiques montrent que si ces puissances employaient des approches disparates, leur implication en Afrique était attachée à la même stratégie fondamentale d'exploitation, et non de développement de l'Afrique. Un récit sommaire de l'histoire de ces événements mettrait en perspective la tendance de l'exploitation historique de l'Afrique: elle peut être isolée en trois périodes.

Les Portugais suivis des Allemands, des Belges, des Britanniques et des Français sont arrivés en Afrique apparemment pour faire du commerce et sécuriser les sources de matières premières. L'intérêt concurrent entre ces puissances a finalement abouti à la partition de l'Afrique lors de la conférence de Berlin en 1885. La partition de l'Afrique a conduit inexorablement à la domination coloniale, qui a inauguré près d'un siècle d'exploitation qui a progressivement pris fin dans les années 1950 et 1960. Avec l'émergence d'États africains indépendants. Au cours de cette période coloniale, le contact initial entre l'Occident et les Africains était indirect, celui de «maître» à serviteur puis à une relation plus directe à travers l'esclavage et la traite des esclaves; ensuite, à travers la domination économique et la marginalisation, et enfin la relégation des pays africains à un rôle périphérique dans l'économie mondiale; la laissant ainsi avec peu ou pas de perspectives de véritable développement.

La deuxième période d'exploitation a commencé avec la cessation des hostilités et la fin de la Seconde Guerre mondiale et la décolonisation qui a suivi. Au cours de cette période, les États-Unis ont conduit le monde à établir un nouvel ordre économique international organisé autour du système de Bretton Woods. Encore une fois, dans ce système, l'Afrique était l'acteur marginal de cette nouvelle économie mondiale, son rôle principal étant le fournisseur de matières premières des pays occidentaux industriels. Dans le cadre de cet arrangement économique, les perspectives de la dynamique de la production mondiale pour le développement de l'Afrique étaient limitées car elle dépendait uniquement de la fourniture de minéraux extractifs et de produits agricoles en échange de produits finis pour les pays industrialisés. Dans ce nouveau cadre économique international, les États-Unis, ainsi que leur cohorte européenne principalement la Grande-Bretagne et la France, dans une moindre mesure la Belgique et le Portugal se sont appuyés sur leur puissance militaire et leur domination des institutions multilatérales mondiales pour continuer à profiter de leurs relations d'exploitation avec l'Afrique.

À partir des années 1970 et 1980, des économies intermédiaires telles que la Chine, la Malaisie, l'Inde et la Corée du Nord ont également manifesté un intérêt extraordinaire pour l'Afrique. Ce développement inaugurerait inévitablement une nouvelle ruée vers l'Afrique, étant donné que les Européens craignaient la posture d'investissement agressive et de l'influence de la Chine en Afrique à un moment où l'Occident avait besoin de plus de matières premières et de minéraux qu'à tout autre moment. Comme dans le cas des Portugais, puis de la Grande-Bretagne et de la

France, puis des États-Unis avant elle, la Chine est à la tête de la vague actuelle d'économies en développement rapide qui ont désespérément besoin de matières premières, de minéraux et d'hydrocarbures dont l'Afrique dispose en abondance. Beaucoup se demandent si l'implication de la Chine en Afrique suivra le paradigme traditionnel établi par l'Occident ou si elle tracera son modèle qui serait bénéfique pour elle-même et pour l'Afrique.

Bien que la Chine affirme souvent qu'elle a l'intention d'aider l'Afrique à croître et à se développer, de nombreux étudiants en développement restent sceptiques. Les investissements et l'implication rapides de la Chine en Afrique sont considérés avec inquiétude en raison de l'expérience de l'Afrique avec l'exploitation antérieure et continue entre les mains des puissances européennes dont la seule implication en Afrique est d'améliorer leurs objectifs de développement égoïstes. Alors, ils s'inquiètent des intentions de la Chine. D'autres soutiennent que les ouvertures et les intérêts de la Chine devraient être accueillis avec la main ouverte parce qu'ils croient que l'Afrique a mûri et que les nations totalement indépendantes sont radicalement différentes des nations précoloniales et coloniales. Par conséquent, les pays africains devraient pouvoir profiter de l'opportunité offerte par l'implication de la Chine pour ancrer la croissance et le développement réels, si elle peut mettre en place les infrastructures politiques, économiques et sociales nécessaires qui pourraient soutenir le développement. Ce livre examine les mérites des deux types de réflexion sur l'implication de la Chine en Afrique, discutant des principaux objets de l'intérêt de la Chine pour l'Afrique, des perspectives et des implications de la participation de la Chine au développement de l'Afrique. Les pays africains doivent mettre en œuvre des changements afin de leur permettre de tirer parti de l'implication de la Chine pour renforcer son développement. Que les intérêts et l'implication chinois apportent le danger d'une exploitation renouvelée sans développement durable dépend de la mesure dans laquelle l'Afrique peut tirer parti des opportunités de cet intérêt croissant pour se transformer en contournant les nombreuses contradictions sociales, économiques et politiques.

L'implication de la Chine en Afrique est très étendue, en particulier dans le secteur de l'énergie. Il date de la période des luttes anticoloniales des années 1960, lorsque son implication avait un fort parti pris idéologique en faveur des régimes communistes et des insurrections marxistes. Aujourd'hui, sa seule considération idéologique saillante est la politique *d'une seule Chine*, que la Chine sait quand ne pas la laisser entraver son objectif politique. Par exemple, bien que la Chine soit impliquée dans des investissements énergétiques au Tchad, ce dernier entretient toujours de bonnes relations diplomatiques avec Taïwan. Ainsi, l'intérêt de la Chine est essentiellement motivé par des considérations du marché et de ressources (Bajpaee, 2005, p. 2). Récemment, les relations politiques, économiques et militaires de la Chine avec les pays africains ont été subordonnées à sa quête de sécurisation des ressources énergétiques en échange d'armes, d'aide et/ou de développement d'infrastructures (Bajpaee, 2005, p. 2).

L'engagement chinois en Afrique aujourd'hui est différent de ce qu'il était dans les années 1960. C'est un acteur économique, militaire et politique à croissance rapide sur la scène mondiale, avec une demande sans cesse croissante de toutes sortes de ressources — pétrole, bois et minéraux — pour alimenter son appétit industriel vorace. La Chine mène donc une cohorte du prochain groupe de pays en voie d'industrialisation — l'Inde, la Malaisie et la Corée du Sud — en Afrique, armée de solides ressources financières, d'une influence politique, d'une stature économique et d'une acceptation en Afrique en tant que puissance impérialiste non coloniale à poursuivre ses objectifs. Il y a très peu de pays en Afrique disposant de ressources importantes qui affirment sans équivoque qu'ils n'ont pas reçu d'ouverture de la part de la Chine.

L'économie chinoise a connu une croissance astronomique depuis le début de la réforme économique du marché libre en 1976. Le taux de croissance annuel de la Chine de plus de 9,4 % (Mengkui et al., 2006) a été catapulté dans la ligue des superpuissances économiques. Ce taux de croissance s'est accompagné d'une augmentation de la consommation d'énergie. La durabilité de ce taux de croissance a contraint la Chine à rechercher constamment de nouvelles sources d'énergie et des opportunités d'investissement. La consommation annuelle totale d'énergie de la Chine est de plus de 1,3 milliard de tonnes d'équivalent charbon. Cette quantité d'énergie consommée représente 10 % de la consommation mondiale d'énergie, plaçant la Chine au deuxième rang mondial après les États-Unis.

Cependant, la consommation d'énergie commerciale par habitant en Chine ne représente que 42 % de la moyenne mondiale ou 20 % de la moyenne de l'OCDE (Organisation de coopération et de développement économiques) (Malik, et al., 2004). Par conséquent, si la consommation d'énergie par habitant augmente, multipliée par l'énorme population (plus d'un milliard de personnes) de la Chine, sa consommation totale d'énergie sera plus du double de la quantité actuelle. Par conséquent, la situation énergétique chinoise et sa politique énergétique sont une source de préoccupation sérieuse tant pour la Chine que pour le reste du monde.

LA POLITIQUE ENERGÉTIQUE DE LA CHINE

Pour maintenir le taux de croissance économique et atteindre les objectifs de prospérité modérée, la Chine a élevé sa politique énergétique au rang d'importance stratégique pour la sécurité nationale. Bien que l'économie chinoise montre des signes d'économie de marché, elle est encore dans une plus large mesure dirigée par le gouvernement. Le gouvernement chinois est le principal acteur en tant que décideur politique. Il décide des politiques internes et des mesures relatives à la situation énergétique, mais façonne également les politiques étrangères pour sécuriser les besoins nationaux (Zweig et Jianhai, 2005). Le gouvernement chinois a établi un cadre juridique pour les questions liées à l'énergie.

La Chine a adopté la loi sur les énergies renouvelables le 28 février 2005 et l'a promulguée en janvier 2006. Cette loi a affirmé l'importance des énergies renouvelables dans la stratégie énergétique nationale de la Chine (Zweig et Jianhai, 2005). Dès 1998, une loi sur la conservation de l'énergie a été promulguée par le gouvernement et considérée comme une stratégie nationale à long terme (Lehman, Lee, et Xu, s.d.).

Deuxièmement, les gouvernements central et locaux chinois utilisent des incitations économiques pour promouvoir la recherche et le développement sur les technologies clés liées à l'énergie et l'investissement dans les infrastructures dans les zones moins développées, et en particulier pour encourager l'utilisation d'énergies propres et renouvelables en exonérant la taxe sur la valeur ajoutée ou les droits de douane ou en appliquant des forfaits tarifaires favorables. L'exonération de la taxe sur la valeur ajoutée est très encourageante pour l'industrie des énergies renouvelables: des réductions à 8,5 % pour l'énergie éolienne, 13 % pour la biomasse, 6 % pour la petite hydroélectricité et 0 % pour l'utilisation des gaz de décharge bien que le taux normal soit de 17 % (Chinese Academy of Social Sciences, s.d.).

Troisièmement, la Chine prend des initiatives pour diversifier ses sources d'énergie et ses approvisionnements nationaux et étrangers. Puisque le charbon est la principale source, la Chine s'efforce d'améliorer les technologies pour augmenter l'efficacité et réduire la pollution. Pendant ce temps, la Chine a également lancé davantage d'installations de centrales nucléaires (Chinese Academy of Social Sciences, s.d.).

Enfin, la sécurité énergétique de la Chine est devenue l'un des principaux objectifs de politique étrangère (Zhang, 2006). Le gouvernement chinois prend agressivement l'initiative de renforcer la bonne volonté avec les pays riches en ressources énergétiques en renforçant les relations commerciales bilatérales, en accordant de l'aide, en annulant la dette nationale et en aidant à construire des routes, des ponts, des stades et des ports (Zweig et Jianhai, s.d.). Géographiquement, les futures importations de pétrole et de gaz naturel de la Chine dépendent fortement du golfe Persique, de l'Afrique et de l'Amérique latine pour le transport maritime, et de l'Asie centrale et de la Russie pour son réseau de pipelines terrestres Liu, 2006). La Chine a lancé sa chasse mondiale à l'énergie.

En bref, la politique énergétique de la Chine et l'exploration énergétique mondiale ont suscité des préoccupations controversées, notamment des questions politiques, économiques et autres. Néanmoins, la demande d'énergie de la Chine continuera d'augmenter et la Chine continuera de rechercher des approvisionnements adéquats chaque fois qu'elle le pourra.

Alors que l'économie intérieure de la Chine est en plein essor, ni le gouvernement ni le peuple n'ont montré de volonté de ralentir son rythme de développement et de croissance économique. Les processus rapides d'industrialisation et d'urbanisation ont déclenché l'exode rural. Des millions de Chinois s'installent dans les villes ou les villages. Il est prévu que d'ici 2050, la population urbaine devrait représenter plus de 70 % de la population totale, contre 30 % actuellement par rapport aux niveaux actuels. Cela signifie que le modèle de consommation d'énergie dans les zones urbaines va plus que doubler. En 1995, la consommation d'énergie d'un ménage urbain type était trois fois supérieure à celle d'un ménage rural (Leitner, 2003). Un autre développement inquiétant qui a accompagné le développement et la croissance économiques rapides de la Chine a été la transition à grande échelle des vélos et des transports en commun vers les automobiles privées. En Chine, le nombre d'automobiles augmente chaque année de 19 % et il est prévu que le nombre total de voitures en Chine pourrait dépasser celui des États-Unis d'ici 2030 (Luft, s.d.).

Dans les années 1960, la Chine se considérait comme disposant de sources d'énergie abondantes. Cette situation a changé en 1993 lorsque la Chine est passée du statut de premier exportateur de pétrole en Asie à celui de premier importateur net de pétrole (Pan, 2006). En 2007, la Chine est le deuxième importateur de pétrole au monde (Wolfe, 2006). Au cours de la seule année 2000, la Chine a importé 59,96 millions de tonnes de pétrole, ce qui représentait 26,7 % de sa consommation totale de pétrole (Malik, 2004). En 2004, près de 40 % du pétrole chinois était importé du marché international (Chinese Academy of Social Sciences, s.d.). Il a été prédit que la Chine importera 45 % de son pétrole d'ici 2010 (Muekalia, s.d., p. 6). Les principales sources d'énergie en Chine sont le charbon et le pétrole brut, qui représentent respectivement 60 % et 21 %. Les autres sources comprennent l'hydroélectricité 8 %, le gaz naturel 3 % et l'énergie nucléaire 2 % (Muekalia, s.d., p. 6). Étant donné que la Chine a une population de plus de 1,3 milliard d'habitants et son taux de croissance économique remarquable, il est inévitable que les ressources naturelles de la Chine par habitant soient inférieures à la demande, en particulier en ce qui concerne le pétrole. C'est dans cet esprit que la Chine s'est lancée dans une recherche agressive d'accords et de projets pétroliers et d'exploration en Afrique.

La demande énergétique croissante de la Chine dépend des importations de pétrole. Outre le marché pétrolier des pays du Moyen-Orient, la Chine diversifie ses sources d'approvisionnement énergétique pour assurer les objectifs nationaux. Depuis 2000, les relations sino-africaines sont devenues plus saillantes qu'à tout autre moment de l'histoire chinoise. La Chine forge de nouvelles relations stratégiques et renforce celles qui existent déjà avec les pays africains qui disposent d'abondantes ressources naturelles et d'un approvisionnement énergétique. La Chine importe 28 % de son pétrole d'Afrique, principalement du Soudan, de l'Angola, du Congo et du Nigéria. En juillet 2005, la Chine a signé un accord de pétrole brut de 800 millions de dollars avec le Nigeria. En outre, Pékin envisage d'investir 7 milliards de dollars au Nigeria (Wolfe, 2006). Par conséquent, la politique énergétique chinoise et son exploration pétrolière en Afrique est un sujet important, et il contient d'importantes implications en matière de développement, politiques et économiques pour l'Afrique.

En 2000, la Chine a créé le Forum de coopération Chine-Afrique (CACF), qui se réunit au niveau ministériel tous les trois ans. Lors de sa deuxième réunion à Addis-Abeba en 2003, le Premier ministre chinois Wen Jiabao a annoncé que:

> … La Chine avait annulé la dette de trente et un pays africains pour un total de 1,3 milliard de dollars, promis un soutien au Nouveau Programme Economique pour le Développement de l'Afrique (NPEDA) et accru sa participation aux opérations de maintien de la paix des Nations Unies en Afrique. Il a soutenu la position de l'Afrique sur le multilatéralisme, l'élimination des barrières commerciales et des subventions agricoles, ainsi que l'augmentation de l'aide et l'allégement de la dette par les pays développés. Le Premier ministre Jiabao a promis que la Chine augmenterait progressivement son aide à l'Afrique, fournirait une formation professionnelle à 10 000 Africains sur trois ans, y compris des officiers militaires, accorderait un accès en franchise de droits aux pays les moins avancés d'Afrique, augmenterait le tourisme et encouragerait les entreprises chinoises à investir en Afrique (Lake, Whitman, et al., s.d. p. 42).

La Chine tient ces promesses, comme en témoignent les milliers d'Africains qui étudient en Chine et l'expansion de l'aide et des intérêts commerciaux à travers l'Afrique. Au 30 novembre 2005, elle a fourni 899 soldats de la paix à huit missions de l'ONU en Afrique, et environ 900 médecins chinois servent en Afrique, et la Chine a commencé à développer un programme de vaccination contre le paludisme en Afrique de l'Est (Lake, et al., s.d., p. 42). «Le besoin intense de ressources est le moteur de l'engagement de la Chine en Afrique. Le deuxième plus grand importateur de pétrole, représente 31 % de la croissance mondiale de la demande de pétrole. Mais la Chine est assez active dans presque toutes les régions de l'Afrique subsaharienne, recherchant des droits d'exploration, la propriété d'installations et des accords d'importation» (Lake, et al., s.d., p. 42).

L'implication de la Chine au Soudan est peut-être la plus importante en Afrique actuellement. À cet égard, le Soudan est un cas unique; c'est un prototype de la volonté de la Chine d'offrir une relation à grande échelle — argent, technologie, infrastructure et protection politique contre les pressions internationales (occidentales) sur les droits de l'homme en particulier. En 1996, la compagnie pétrolière chinoise CNPC a pris une participation de 40 % dans le cadre d'un consortium pour développer les champs pétroliers soudanais de Heghig et Unity. En 1998, la branche construction de CNPC a participé à la construction d'un oléoduc bas de 930 milles entre ces champs pétrolifères et la mer Rouge. Il a également construit une raffinerie près de Khartoum et compte plus de 10 000 ouvriers au Soudan à la fois. La Chine contrôle également la plupart des champs pétrolifères du sud du Darfour et 41 % d'un champ dans le bassin de Melut, où le groupe chinois Petroleum Engineering Construction construit un terminal pétrolier d'exportation de 215 millions de dollars. La Chine obtient désormais 7 % de ses importations de pétrole du Soudan (Lake, et al., s.d., p. 43).

LES ACTIVITÉS D'EXPLORATION PÉTROLIÈRE DE LA CHINE EN AFRIQUE

La Chine est devenue un importateur net de pétrole en 1993, passant du statut de premier exportateur d'Asie. De plus, en raison de l'instabilité à long terme au Moyen-Orient, la Chine a décidé de se tourner vers les pays africains qui disposent d'un pétrole abondant à des coûts relativement bas

(Pan, 2006). La Chine et divers pays africains ont établi des relations politiques et économiques étroites depuis des décennies. Au cours des années 1960 à 1970, la Chine a apporté son soutien aux pays africains nouvellement indépendants. Cette bonne volonté diplomatique a été transformée en monnaie d'échange pour l'accès à l'énergie et aux investissements (Alexander's Gas et Oil, 2006).

La Chine a beaucoup investi dans les pays africains. Au cours des dix premiers mois de 2005, les entreprises chinoises ont investi 175 millions de dollars dans les pays africains, principalement dans des projets d'exploration pétrolière et des infrastructures. La Chine a acheté 50 % des exportations de pétrole du Soudan en 2005. Elle a également annoncé qu'elle achèterait une participation de 45 % dans un champ pétrolier offshore au Nigeria pour 2,27 milliards de dollars (Pan, 2006). En une décennie, de 1995 à 2005, le nombre de licences détenues par les compagnies pétrolières nationales chinoises en Afrique a plus que doublé, passant de 95 à 216 (Wolfe, 2006). Globalement, 25 % des importations chinoises de pétrole proviennent du continent africain (Hill, 2004).

Les principaux producteurs de pétrole en Afrique sont le Soudan, le Nigéria, l'Angola, l'Algérie, le Gabon et la Guinée équatoriale. L'économie de ces pays est fortement dépendante de leurs secteurs pétroliers. Les revenus pétroliers représentent des pourcentages importants des revenus de leurs gouvernements: près de 80 % au Nigeria, 90 % en Angola et 60 % au Gabon. Le Soudan, où la Chine a acheté 50 % des exportations de pétrole en 2005, est l'un des pays les plus pauvres du monde. En 2003, en Guinée équatoriale, les revenus pétroliers représentaient 90 % des exportations totales du pays (Pan, 2006).

AUTRES DOMAINES D'IMPLICATION DE LA CHINE EN AFRIQUE

En outre, les intérêts de la Chine s'étendent bien au-delà du secteur pétrolier pour englober d'autres domaines, y compris ceux qui visent à gagner les cœurs et les esprits du gouvernement en place. Encore une fois, au Soudan, la Chine a construit «des sous-stations électriques et des lignes de transmission; a financé le barrage de Kajbar, un pipeline de 345 millions de dollars qui achemine l'eau du Nil à Port-Soudan; et un système d'approvisionnement en eau de 325 millions de dollars. Les Chinois sont également le plus gros investisseur ici avec un portefeuille d'investissement total d'environ 4 milliards de dollars (Chinese Academy of Social Sciences, s.d.).

Dans le secteur militaire également, la coopération entre la Chine et le Soudan s'est développée; «Les livraisons d'armes chinoises au Soudan comprennent des munitions, des armes légères, des obusiers, des canons antiaériens, des antipersonnel et antichars, des chars, des hélicoptères et des avions de combat. La Chine a également aidé à établir trois usines d'armement au Soudan, dont une pour l'assemblage de chars T-55» (Chinese Academy of Social Sciences, s.d.). Il y a aussi un bon nombre de militaires chinois stationnés au Soudan pour protéger ses investissements et divers intérêts.

L'intérêt de la Chine s'étend au-delà du Soudan et pratiquement dans toutes les régions de l'Afrique. En ce qui concerne le pétrole, la Chine se concentre sur l'Angola et le Nigéria, qui sont les plus grandes régions productrices de pétrole du continent africain. En Angola, la Chine possède quelques blocs pétroliers, remportant l'appel d'offres grâce à l'extension d'un prêt et d'un ensemble de prêts à des conditions avantageuses de quelque 2 milliards de dollars américains. Au Nigeria, l'approche de la Chine n'est pas différente. Elle augmente toujours ses chances d'obtenir des contrats et des concessions pétroliers ou autres en s'étendant à ces pays autres opportunités physiques, d'infrastructure, ou d'aide. En juillet 2005, la Chine et le Nigéria ont signé un accord de vente de pétrole brut de 800 millions de dollars, déclenchant l'achat par la Chine de 30 000 barils de pétrole par jour pendant cinq ans.

Outre le pétrole brut, la Chine s'intéresse aux minéraux et produits naturels tels que le cuivre, le cobalt, les diamants, le titane et le bois. Il a récemment dépassé les États-Unis pour devenir le plus grand consommateur de cuivre au monde, qu'il s'approvisionne en Zambie où il a beaucoup investi dans le secteur minier. En République démocratique du Congo (RDC), elle est active dans le développement d'infrastructures routières et d'installations destinées à l'extraction et à l'exportation de cobalt et de cuivre, malgré l'instabilité endémique et les troubles civils. De même, en Sierra Leone, il cherche des diamants malgré une paix précaire là-bas; et, au Kenya, il s'approvisionne en titane. Son intérêt pour les produits forestiers du bois et du pétrole explique la présence de la Chine au Gabon, tandis que pour le bois principalement, elle s'occupe du Mozambique, de la Guinée équatoriale et du Libéria (qui a également du caoutchouc en abondance). La Chine importe plus de 70% des produits forestiers du Gabon, de la République centrafricaine, du Mozambique et du Libéria, employant souvent des méthodes que les écologistes occidentaux jugent asymétriques et dévastatrices pour des normes environnementales stables, y compris l'emploi de bûcherons sans licence (qui abattent souvent des arbres trop petits), ainsi que le déboisement des zones exploitées.

La Chine est également impliquée dans d'autres entreprises et investissements commerciaux à travers l'Afrique et la plupart de ses activités sont souvent rentables, mais d'autres sont destinées à se positionner d'influence et à s'offrir des opportunités futures par rapport à d'autres concurrents réels et potentiels. Elle a confié l'installation de quelque 26,000 lignes de commutation à Telkon Kenya pour améliorer les installations de télécommunication de Safaricom et vendre des grues pour le port de Mombasa. En Éthiopie, son objectif principal est la construction et le développement des infrastructures en vue d'accaparer toute découverte future de gisements minéraux et de pétrole utiles. En Ouganda, elle est impliquée dans les produits pharmaceutiques, en particulier dans la production et la fourniture de moustiquaires traitées contre les moustiques. Au total, les activités de la Chine en Afrique sont substantielles et multiformes et son rôle est à la fois préjudiciable et bénéfique à certains égards. Cependant, cela pourrait être un avantage net sur le plan du développement si les pays africains prenaient certaines mesures pour créer l'infrastructure sociale, politique, économique et judiciaire nécessaire pour renforcer les capacités et créer un environnement propice à la transformation de leurs sociétés.

CONSÉQUENCES DE L'IMPLICATION DE LA CHINE

L'intérêt intense de la Chine pour l'Afrique présente de nombreux avantages et inconvénients. Ils comprennent principalement des pertes d'opportunités économiques, certains gains et la possibilité d'un développement durable, si les gouvernements africains peuvent créer les conditions socio-politiques et économiques nécessaires au développement. L'implication de la Chine en Afrique peut avoir des effets néfastes sur les industries naissantes de ces pays. Il est évident que le principal intérêt de la Chine en Afrique est l'acquisition de ressources naturelles et éventuellement de nouveaux marchés pour son économie en pleine croissance. Dans l'intervalle, les biens de consommation chinois relativement bon marché inondent les marchés partout en Afrique, allant des jouets aux produits pharmaceutiques, en passant par les textiles et les matériaux de construction. En Afrique, cette présence omniprésente sur le marché est déconcertante en raison de son effet néfaste sur les industries locales.

Dans les pays aux industries textiles naissantes, les exportations de textile chinois vers l'Afrique ont des effets délétères; et, en outre, les exportations textiles chinoises vers les États-Unis exercent une pression à la baisse sur la croissance jusque-là prometteuse des exportations africaines dans le secteur. L'activité chinoise dans le secteur textile sape les meilleures intentions de la loi sur la croissance et les opportunités en Afrique (AGOA). Promulgué en 2000, le Congrès américain a adopté le projet de loi dans le but d'encourager l'exportation de textiles africains vers les États-Unis, aidant ainsi les pays africains à se développer grâce au secteur textile. Dans l'intervalle, plusieurs pays en ont profité pour augmenter leurs recettes d'exportation: le Nigeria, le Kenya, le Ghana, l'Ouganda, le Swaziland et le Lesotho.

De plus, l'AGOA a été renforcée en veillant à ce que la Chine soit tenue à un quota sur ses exportations de textiles vers les États-Unis par le biais des dispositions de l'Accord multifibres (AMF); cependant, lorsque l'AMF a expiré en janvier 2005, les exportations chinoises de textiles vers les États-Unis ont augmenté de façon spectaculaire, ce qui a eu un impact négatif sur les exportations et la compétitivité africaines. Un exemple poignant est la chute spectaculaire des exportations de textiles de l'Afrique du Sud vers les États-Unis, qui sont passées de 26 millions de dollars américains au premier trimestre de 2004 à 12 millions de dollars américains au premier trimestre de 2005 (Lake, et al., s.d., p. 49). De plus, les exportations de textiles chinois vers l'Afrique du Sud sont passées de 40 % à 80 % à la fin de 2004. 75 000 personnes ont perdu leur emploi dans les industries textiles sud-africaines. Plus de dix usines ont fermé au Lesotho, forçant au moins 10 000 employés à perdre leur travail (Lake, et al., s.d., p. 49). Au Nigeria, le coût est également saillant, dans la ville textile de Kano; le déclin de l'industrie textile a conduit à des niveaux de chômage tels que les politiciens lui attribuent le niveau élevé d'agitation des jeunes. Indépendamment des inconvénients, l'engagement chinois en Afrique présente de nombreuses opportunités, avec la possibilité d'aider au développement rapide de l'Afrique subsaharienne si ces pays peuvent construire le cadre politique, social et économique nécessaire à un décollage.

En attendant, la Chine est un nouvel acteur prêt à investir, construire et commercer; son implication a également stimulé l'intérêt des puissances européennes et américaines qui ne se contentent pas d'abandonner l'Afrique à la Chine. L'intérêt chinois a dynamisé l'intérêt de l'Europe et de l'Amérique pour l'Afrique, auparavant négligée ou tenue pour acquise, inaugurant une nouvelle ruée vers l'Afrique et, donnant ainsi aux pays africains un nouveau levier pour extorquer à l'Occident et aux Chinois ce dont ils ont besoin pour leur développement. Les routes, les écoles, les hôpitaux, les centrales électriques et les investissements apportés par la Chine n'existaient pas auparavant; cela représente une amélioration.

Les améliorations des infrastructures aident les pays africains à obtenir d'autres prêts et opportunités d'investissement, contribuant à une atmosphère de développement qui pourrait un jour changer le continent — un résultat bienvenu, même s'il n'est pas intentionnel, de la quête de la Chine pour sécuriser l'énergie mondiale et d'autres ressources. Bien que le Premier ministre Wen Jiabao ait affirmé que les politiques commerciales et d'investissement chinoises en Afrique alourdissaient le fardeau de la dette de ces pays, la Chine aide les pays à se développer à un rythme rapide pour répondre aux besoins de développement. La panoplie des activités de développement chinoises en Afrique est vaste, y compris les routes, les hôpitaux, le commerce, les écoles, les communications et les prêts à taux zéro. Prenez le Nigéria par exemple, les Chinois ont récemment déployé un satellite de communication pour le Nigéria, ont proposé de construire, d'équiper et de faire don d'un hôpital complet dans la métropole d'Abuja.

MAXIMISER LES AVANTAGES DE L'IMPLICATION CHINOISE

L'aide économique, infrastructurelle, commerciale et autre, nonobstant les pays africains, ne parviendrait pas à un développement durable sans un engagement sérieux à des changements déterminés dans leurs structures politiques, économiques et sociales. En d'autres termes, les avantages d'un regain d'intérêt pour l'Afrique mené par la Chine ne se concrétiseront pas tant que les pays africains n'auront pas éliminé de manière substantielle la cause fondamentale et les vestiges de la corruption politique, économique, institutionnelle et sociale. L'ancien président nigérian, Goodluck Jonathan, lors de l'ouverture du premier sommet Inde-Afrique à New Delhi, en Inde, a exhorté l'Afrique à assumer la plus grande responsabilité de son développement, affirmant que le destin du continent était entre ses mains. La corruption étouffe et ralentit le rythme du développement. Ce n'est plus vrai qu'en Afrique, où la corruption est systémique. Pour que tout développement ait lieu, la corruption doit être arrêtée et les institutions réformées et débarrassées de ce monstre. Comme Adebayo Barbington-Ashaye, président de Chartered Accountants of Nigeria, l'a dit dans une déclaration qui rappelle toute l'Afrique. Les irrégularités financières commises par des personnes occupant des postes de confiance ont été une recette pour le sous-développement. Bräutigam affirme que l'énorme demande de la Chine pour les produits de base africains crée de nouvelles opportunités pour les gouvernements africains de réaliser les espoirs de leur peuple pour une vie meilleure (2010). Les pays qui mettent de l'ordre dans leur maison... peuvent se positionner pour en profiter, et ceux qui ne trouveront pas leurs ressources continueront d'être simplement une malédiction — avec ou sans la Chine. Au sens large, les dirigeants et les institutions africaines doivent se préparer et agir de manière proactive pour saisir les opportunités créées par les intérêts commerciaux de la Chine en instituant des réformes audacieuses et transformationnelles qui servent les intérêts de l'Afrique. L'émergence de réformes significatives et créatives dans cet environnement d'activité commerciale chinoise croissante, ainsi que la réaffirmation commerciale et stratégique collatérale de l'Occident pourraient conduire à un bond en avant significatif du développement. De nombreuses régions d'Afrique pourraient devenir des marchés émergents légitimes, attirant d'importants afflux de capitaux. Plus précisément, pour accomplir ce qui précède, un nouvel environnement de marché doit être créé.

Les pays africains doivent créer les premières normes mondiales de fiabilité et de prévisibilité. L'état de droit, la stabilité sociopolitique et la transparence sont importants pour les investisseurs et la croissance économique. La loi doit être mise en œuvre par le biais d'un système judiciaire indépendant, d'une force de police honnête et efficace, d'organismes chargés de l'application des lois efficaces, d'un accès facile à la justice et d'un système juridique efficace: ces éléments fournissent une base solide permettant aux citoyens d'être compétitifs sur le marché et de faire croître l'économie. Une atmosphère juridique stable et prévisible facilite l'application des droits contractuels et la protection des droits de propriété; elles attirent les investisseurs et renforcent la confiance en réduisant les risques associés à l'emploi du capital.

Étant donné que la plupart des sociétés en Afrique sont multiraciales, multiethniques et multireligieuses, elles sont sujettes aux conflits. La race, les affinités linguistiques et la religion doivent être traitées avec sensibilité, plus particulièrement lors des élections. Les gouvernements africains devraient mettre en œuvre des mesures spécifiquement destinées à renforcer la gouvernance en améliorant la qualité des institutions de base du marché, en établissant des systèmes plus efficaces de freins et contrepoids. Celles-ci constitueraient des entreprises formidables appelant à un changement profond, déterminé et décisif des cœurs et des vieilles habitudes durables. Au cœur de cela se trouve la fin des incitations officielles et non officielles à la corruption dans les sphères privées et publiques; cela implique une augmentation nécessaire de la transparence et de la responsabilité dans la conduite des agents publics: la mise en œuvre de systèmes efficaces de gestion des finances publiques et la réforme de l'administration publique.

INITIATIVE CEINTURE ET ROUTE

LA POLITIQUE ÉTRANGERE DE LA CHINE EN AFRIQUE

L'Afrique est connue pour son abondance de riches ressources naturelles qui servent de matières premières pour les produits finis dans le monde entier. On estime que le continent comprend plus de 90 % de l'approvisionnement mondial en platine et en cobalt, près de 75 % du coltan mondial, 67 % de l'approvisionnement mondial en manganèse, la moitié de l'approvisionnement mondial en or, 35 % de l'approvisionnement mondial en uranium (Maverick, 2020) — et 9,6 % de la production mondiale de pétrole. Ces estimations de l'abondance des ressources ont augmenté les enjeux de l'exploitation étrangère — transformant l'Afrique en un champ de bataille attrayant pour les puissances mondiales qui ont divers intérêts de contrepartie sur le continent allant de l'investissement, la domination militaire, le développement des infrastructures, la diplomatie, le soft power, le commerce, et géopolitique. L'Afrique est également importante sur le plan stratégique en raison des 54 votes à l'Assemblée générale des Nations Unies (AGNU) que ces puissances mondiales utilisent pour les scores diplomatiques. L'amplification de ces richesses a créé un sentiment d'urgence dans les pays développés pour rechercher des partenariats pour l'exploitation des ressources en échange du financement des infrastructures. La plupart des marchés africains sont considérés comme émergents, plaçant l'Afrique au premier plan du discours académique sur ICR. Les discussions portent sur l'impact de l'ICR sur le développement économique et des infrastructures.

Le besoin de développement et de modernisation des infrastructures, principalement dans les domaines de la production hydroélectrique, du transport ferroviaire, des technologies de l'information et des communications (TIC) et du pétrole et du gaz, confirme le besoin de l'Afrique d'un partenaire compétent et éprouvé. Ce besoin de développement des infrastructures en Afrique correspondait à la quête de ressources naturelles et de produits agricoles de la Chine. Les nations africaines, pour la plupart, qui avaient besoin d'investissements en capitaux étrangers et de partenariats pour la mise en œuvre des infrastructures, se sont tournées vers la Chine plutôt que vers l'Occident pour une collaboration. Les raisons impérieuses de s'aligner sur la Chine sont liées au fait qu'aucune condition n'est attachée aux engagements; et les échecs de l'Occident à respecter les accords conclus à l'ère postcoloniale ont laissé l'Afrique sans développement visible (Anyu et Dzekashu, 2019).

L'implication de la Chine en Afrique avant 1980 — décrite «... comme une retombée des politiques géopolitiques chinoises en Asie» (Anyu et Dzekashu, 2019, p. 173), était principalement centrée sur l'exportation de la révolution (communisme et guerre révolutionnaire), une idéologie politique (Sun, 2016). À partir des années 1980, l'intérêt de la Chine pour l'Afrique a diminué alors qu'elle s'engageait dans des réformes économiques centrées sur le développement économique intérieur et l'ouverture à l'Occident. Une fois que la Chine a commencé à s'engager avec l'Afrique, il n'a fallu que huit ans pour que son commerce avec l'Afrique se développe à un taux annuel de 10 %; la plaçant dans la position de deuxième partenaire commercial du continent après les États-Unis. Cette croissance a été exponentielle à la suite du Forum sur la coopération sino-africaine (FOCAC) en 2020, après quoi les investissements directs étrangers (IDE) ont atteint 46 milliards de dollars en 2018 (McGregor et Havenga, 2019).

Les investissements chinois dans la plupart des pays africains — laissés par les investisseurs occidentaux — se croissent rapidement, même si le marché reste dominé par l'Occident (Dahman-Saïdi, 2013a). Le corridor terrestre de l'ICR traverse l'Asie centrale et l'Europe, reliant deux des plus grandes économies du monde, la Chine et l'Europe. La route maritime relie la Chine et l'Europe et traverse l'Asie du Sud-Est et du Sud, le Moyen-Orient et l'Afrique de l'Est (principalement le Djibouti, l'Éthiopie, le Kenya et la Tanzanie) constituent une partie importante de l'ICR, en raison des ports de Djibouti, l'expansion rapide de l'Éthiopie, la capacité de fabrication et les plans existants de la région pour connecter les réseaux ferroviaires, routiers et énergétiques (McKenzie, 2017). Bien qu'il y ait un soutien important pour le modèle de prêt de la Chine, le «soutien en Afrique pour l'ICR n'est pas unanime... [et] l'intérêt [dans ses engagements] dépend de [la] proximité avec l'ICR et de la disponibilité d'options alternatives pour la croissance économique» (Naidoo, 2018). Notez que le modèle global de prêt de la Chine, qui consiste à ne pas attacher de conditions à ses prêts et à ses engagements d'investissement, a fait l'objet d'attaques féroces de la part de l'Occident. L'expansion par la Chine des engagements de l'ICR en Afrique a été jugée selon que les prêts «contraignent ou étouffent» le développement. Cette évaluation semble être une préoccupation plus modérée face aux inquiétudes concernant un éventuel conflit futur entre la Chine et les États-Unis. Malgré toutes les discussions sur l'implication de la Chine en Afrique, la première est toujours deuxième derrière les États-Unis, qui détient la première position d'investisseur en Afrique et représente 54 milliards de dollars en stock d'IDE. Les États-Unis comptent plus de 600 entreprises opérant rien qu'en Afrique du Sud.

De nombreux engagements avec la Chine semblent à première vue être gagnant-gagnant; cependant, après une évaluation minutieuse, les questions suivantes se posent: *ces accords représentent-ils de bonnes affaires pour l'Afrique? Quelle est une alternative viable à la Chine*? Trouver les termes des accords et les données sur les activités de la Chine à l'étranger a tendance à être difficile car l'information n'est pas centralisée. Les investissements chinois en Afrique continuent de connaître une augmentation constante, et bien que les flux d'investissements intérieurs étrangers (IDE) aient été faibles par rapport aux normes mondiales, le ratio des IDE au produit intérieur brut (PIB) était élevé, signalant ainsi l'importance des IDE pour la croissance économique du continent. Selon les données fournies par Johns Hopkins University SAIS China Africa Research Initiative, (2020a), le stock total d'IDE entre 2003 et 2018 en Afrique centrale était de 38,59 milliards de dollars, tandis qu'en Afrique de l'Ouest, il était de 52,81 milliards de dollars sur le total de 287,96 milliards de dollars américains. Le total des flux d'IDE au cours de la même période en Afrique centrale était de 4,77 milliards de dollars EU et en Afrique de l'Ouest de 7,04 milliards de dollars US sur un total de 39,07 milliards de dollars US.

L'intérêt de la Chine pour les pays africains peut être résumé comme suit: (1) quête de ressources naturelles; (2) chercher du carburant pour alimenter son économie en pleine croissance; et (3) le renforcement de l'influence politique. La stratégie a consisté à se concentrer principalement sur les besoins en infrastructures en Afrique. Lors du FOCAC en 2018, la Chine a annoncé son engagement renouvelé à fournir 60 milliards de dollars de soutien financier à l'Afrique, démontrant ainsi son intérêt à étendre son empreinte sur le continent grâce à la diversification des sources de financement par le biais d'activités collaboratives et de coentreprises, et en émettant des prêts au taux d'intérêts faible par l'intermédiaire de la Banque d'import-export de Chine (EIBC).

Bien que les implications futures aient tendance à peindre une perspective sombre, parfois controversée en raison du scepticisme quant aux motivations de la Chine et à la stratégie employée dans ses engagements, l'Afrique a des ressources et la Chine y a accès. De plus, environ un tiers des investissements chinois sur le continent sont dans le secteur minier. D'un autre côté, il y a moins de discussions sur la façon dont l'Occident perçoit l'Afrique. Même si l'Occident a manifesté son intérêt pour l'Afrique, aucun pays n'a manifesté un plus grand intérêt pour l'Afrique que la Chine. Bruxelles a négocié des accords de libre-échange avec au moins 40 pays africains, mais il n'est pas clair si cela représente un commerce bilatéral équilibré. L'UE s'est engagée à mobiliser la somme de 54 milliards de dollars en Afrique d'ici 2020 pour le développement durable, preuve qu'elle veut accéder au marché africain. En 2016, Israël a parrainé différents projets (technologies solaires, hydrauliques et agricoles) au Sénégal. La même année, lorsque le Sénégal a coparrainé une résolution condamnant la construction illégale de colonies juives en Cisjordanie, Israël a riposté en annulant le Projet d'Irrigation Mashav Drip — un programme qui a permis à environ 700 familles d'agriculteurs au Sénégal de tripler sa production annuelle: récoltes des cultures. *Dès lors, pourquoi le cas de la Chine est-il différent?*

Les engagements de l'ICR ont souvent été critiqués comme une diplomatie du piège de la dette, qui selon le récit, la Chine fournit des financements aux économies en développement pour des projets d'infrastructure dans des conditions plutôt opaques, tout en tirant stratégiquement parti de l'obligation du pays membre pour une faveur économique, militaire ou politique (Risberg, 2019). Les trois principales raisons couramment avancées pour expliquer l'investissement croissant de la Chine en Afrique sont: (1) le besoin d'une base solide de ressources naturelles pour soutenir son économie à croissance rapide, (2) la nécessité d'étendre son influence géopolitique à l'échelle mondiale, et (3) profitant carrément des opportunités de croissance offertes par les marchés en développement en Afrique (Maverick, 2020). Certains critiques sont allés jusqu'à décrire le motif de la Chine comme une tentative de recolonisation de l'Afrique. Ce langage fort a été repris par l'ancienne secrétaire d'État américaine, Hillary Clinton, dans les termes suivants: «L'Afrique doit se méfier du nouveau colonialisme joué par la Chine» (China times, 2011). L'administration américaine actuelle a pour sa part annoncée en 2018 le plan d'investissement de 60 milliards de dollars américains dans les économies africaines, ce qui a amené les critiques à émettre des doutes sur le regain d'intérêt des États-Unis pour l'Afrique, en particulier après les propos réprobateurs du président Trump à l'égard du continent (Dzekashu et Anyu, 2020). Au cours de la dernière décennie, les États-Unis se sont progressivement désengagés du Moyen-Orient, et dans le même temps, l'Europe a lutté contre des défis internes, cédant à la Chine en tant que nouvel acteur qui exerce lentement une plus grande influence sur le continent africain. La Chine intensifie stratégiquement son engagement avec des pays tels que l'Algérie, l'Égypte et le Maroc, situés à l'intersection de la Méditerranée et du Moyen-Orient. Dzekashu et Anyu (2020) soulignent que l''accent mis sur les résultats négatifs prévus des engagements de l'ICR en Afrique tend à masquer les avantages du développement économique et des infrastructures.

La Chine considère l'Afrique comme la plus grande région du monde encore à développer et c'est dans ce contexte qu'elle a développé une compréhension de travail dans sa stratégie coordonnée à l'échelle du continent ancrée dans le cadre du Forum sur la coopération sino-africaine (FOCAC) construit sur les cinq principes de coexistence pacifique: (1) respect mutuel des frontières territoriales et de la souveraineté, (2) non-agression mutuelle, (3), non-ingérence mutuelle dans les affaires intérieures de l'autre, (4) égalité et coopération pour un bénéfice mutuel, et (5) la coexistence pacifique. Malgré la controverse autour de l'engagement de la Chine en Afrique, la Chine se considère comme un partenaire de développement de l'Afrique où elle fournit à la fois la facilité de financement et l'expertise en développement d'infrastructures. Une question importante à considérer est la suivante: *quelles sont les options d'investissement et de financement disponible pour l'Afrique du Nord si ce n'est la Chine?*

En moins de quatre décennies, la Chine est devenue une puissance économique majeure; une croissance remarquable qui a soulevé des questions parmi les décideurs américains (Morison, 2019). Les États-Unis souhaitent que l'amélioration des investissements et du commerce en Afrique fasse partie intégrante d'une nouvelle stratégie visant à contrer la croissance chinoise sur le continent (Danilova et Anna, 2018). Les critiques ont émis des doutes sur ce regain d'intérêt des États-Unis pour l'Afrique, notamment à la suite des propos désobligeants du président Trump à propos du continent (Dzekashu et Anyu, 2020). L'Agence France-Presse (2019) a rapporté que la stratégie d'investissement de la Chine consistant à injecter de l'argent dans les pays en développement semblait avoir rencontré un obstacle en République du Congo, qui cherchait à obtenir un renflouement du FMI. Compte tenu de l'atmosphère de responsabilité politique, les nations africaines corrompues continueront de se tourner vers la Chine (considérée comme le plus grand créancier bilatéral de l'Afrique) pour un partenariat économique. La dette totale due aux entreprises publiques chinoises par les gouvernements africains est d'environ 150 milliards de dollars américains.

La pandémie de la maladie à virus Corona 2019 (COVID-19) a posé des défis économiques aux pays partenaires de l'ICR pour honorer leurs dettes; ainsi, faisant craindre que les pays ne sombrent probablement dans une diplomatie du piège de la dette avec la Chine (Furness, 2020) ? Des appels ont été lancés à la Chine pour qu'elle suive les actions des pays du G20 soit en suspendant le paiement de la dette, soit en annulant les prêts aux pays à faible revenu d'Afrique, en particulier en raison de l'effet dévastateur de la pandémie sur leurs économies. La Chine a proposé que les pays membres utilisent l'ICR pour développer un modèle de santé afin de protéger la sécurité et le bien-être dans les pays membres; un modèle de reprise pour restaurer les activités économiques et sociales, et de croissance pour libérer le potentiel de développement par l'unité et la solidarité (Tianyuan, 2020); qui, si elle est mise en œuvre avec diligence, l'ICR pourrait remporter des succès au sein du réseau de routes commerciales reliant l'Afrique, l'Asie et l'Europe.

La perception par l'Occident des engagements de la Chine en Afrique est en conflit avec les vues de la Chine et de la plupart des nations africaines qui ont bénéficié de ces engagements qui soutiennent que la Chine s'est tenue à l'écart en tant qu'alternative à l'Occident (Dzekashu et Anyu, 2020). La question que ce livre cherche à aborder est de savoir si les engagements pris dans le cadre de l'ICR conduisent à des résultats de développement constructifs dans les sous-régions de l'Afrique l'est et australe. L'objectif de ce livre est de présenter une synthèse impartiale de la littérature existante relative à l'ICR chinoise. De plus, l'essai fournit des statistiques sur les projets ICR en Afrique par sous-région avec un intérêt pour l'Afrique l'est et australe définie par les Nations Unies (ONU) comme suit; Afrique de l'Est: Burundi, Comores, Djibouti, Érythrée, Éthiopie, Kenya, Madagascar, Maurice, Rwanda, Seychelles, Somalie, Soudan du Sud, Tanzanie et Ouganda; et Afrique australe: Angola, Botswana, Lesotho, Malawi, Mozambique, Namibie, Afrique du Sud, eSwatini (anciennement connu sous le nom de Swaziland), Zambie et Zimbabwe.

L'ICR a été créée pour renforcer le leadership économique de la Chine en s'engageant dans le développement de vastes infrastructures (Swaine, 2015). En comparant les stocks d'IDE entrants en pourcentage du PIB à travers le continent, il apparaît que l'Afrique bénéficie de l'ICR (Dahman-Saïdi, 2013b). Certains pays ont réussi à tirer parti du financement et de la mise en œuvre technique de la Chine pour de grands projets plus que d'autres.

SOUS-REGION AFRIQUE CENTRALE ET L'OUEST: EST-CE QUE L'ICR FAIT OU GÂTE LE DÉVELOPPEMENT

L'ICR est une plateforme d'investissement dans les infrastructures de plusieurs milliards. La ceinture fait référence aux corridors d'infrastructure d'interconnexion terrestres qui se composent de deux parties: (1) la Ceinture Economique de la Route de la Soie (CERS) et (2) la Route de la Soie Maritime du 21e siècle. CERS fait référence à la connexion terrestre à travers l'Asie centrale vers l'Europe qui établit six corridors terrestres reliant l'intérieur de la Chine à l'Asie centrale et à l'Europe: y compris les chemins de fer vers l'Europe — les oléoducs et gazoducs de la mer Caspienne à la Chine, et un réseau trains à grande vitesse reliant le sud-est Asie jusqu'à la côte est de la Chine. La route de la soie maritime du XXIe siècle fait référence à la connexion à travers l'Asie du Sud-Est, l'Asie du Sud, l'Afrique et, enfin, l'Europe; établissant trois passages économiques bleus reliés par une chaîne de ports maritimes de la mer de Chine méridionale à l'Afrique, dirigeant le commerce vers et depuis la Chine. Combinés, ils sont connus sous le nom d'UCUR, ou plus communément de ICR. Cette initiative oriente les politiques chinoises vers la périphérie géographique africaine (Anyu et Dzekashu, 2019), soutenant directement de nombreux éléments de la stratégie de sécurité nationale de la Chine. L'UCUR, au niveau macro, a cherché à restructurer l'ordre économique mondial d'une manière qui ne profite qu'à la volonté de Pékin d'accéder à un statut de puissance supérieure (Anyu et Dzekashu , 2019). Il convient de noter que tous les projets mis en œuvre en Afrique par la Chine ne sont pas réalisés sous la bannière de la ICR.

L'ICR a été développée par la Chine pour renforcer le leadership économique de Pékin en s'engageant dans de vastes projets de développement d'infrastructures (Swaine, 2015). En 2019, environ 40 des 55 pays africains, ainsi que l'Union africaine (UA), avaient signé un protocole d'accord avec Pékin pour le financement et la construction d'infrastructures (Dahir, 2019).

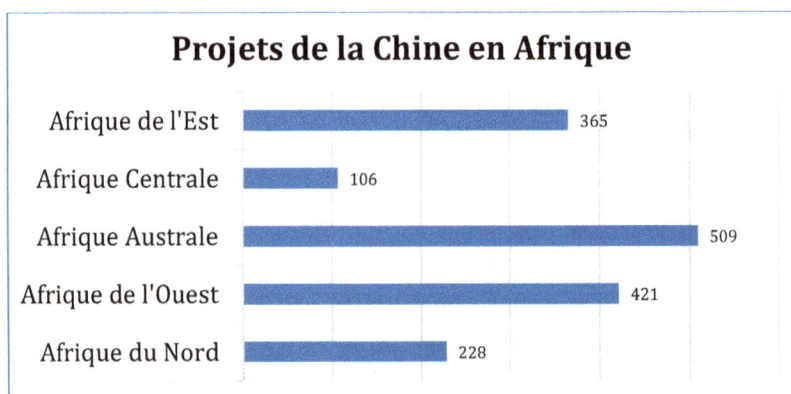

Projets de la Chine en Afrique

- Afrique de l'Est : 365
- Afrique Centrale : 106
- Afrique Australe : 509
- Afrique de l'Ouest : 421
- Afrique du Nord : 228

Graphique 1: Projets de la Chine en Afrique par sous-région

Source des données: Deloitte: https://www2.deloitte.com/za/en/pages/energy-and-resources/artic les/africa-construction-trends-report.html

Les pays qui ne se sont pas inscrits peuvent avoir des inquiétudes liées à l'imposition d'exigences militaires et de sécurité et à la nécessité de protéger les ressortissants chinois par rapport aux locaux, et d'autres raisons liées au passé diplomatique avec la Chine et à la suspicion des implications peu claires de l'ICR (Dahir, 2019). L'ICR a forgé des liens économiques, politiques et de sécurité entre l'Afrique et la Chine, faisant essentiellement avancer les intérêts géopolitiques de Pékin (Anyu et Dzekashu, 2019).

Tableau 1: Flux d'IDE vers L'Afrique centrale (2003-2018)

Pays	Flux d'IDE (milliards de dollars américains)	Pourcentage
Cameroun	2.13	5.51%
République Centrafricaine	0.48	1.25%
Tchad	3.06	7.94%
République du Congo	6.60	17.10%
Republique Democratique du Congo	21.37	55.38%
Guinée Equatoriale	2.69	6.97%
Gabon	2.66	5.86%
São Tomé et Príncipe	0.01	0.01%
Total	38.59	100.00%

Source des données: JHU SAIS China-Africa Research Initiative, février 2019,
http://www.sais-cari.org/s/FDIData_19Feb2020.xlsx

Ces engagements sont attractifs pour les nations africaines car ils n'imposent aucune condition. Certaines régions ont réussi à mobiliser le financement et la mise en œuvre technique de la Chine pour de grands projets (voir Graphique 1) que d'autres entre 2014 et 2018.

Tableau 2: Flux d'IDE vers l'Afrique de l'ouest (2003-2018)

Pays	Flux d'IDE (milliards de dollars américains)	Pourcentage
Bénin	0.86	1.62%
Burkina Faso	0.01	0.03%
Cap-Vert	0.13	0.24%
Cote d'Ivoire	1.42	2.69%
La Gambie	0.05	0.09%
Ghana	9.79	18.51%
Guineé	3.95	7.47%
Guinée-Bissau	0.48	0.91%
Libéria	2.12	4.02%
Mali	2.57	4.86%
Mauritanie	1.30	2.46%
Niger	4.42	8.37%
Nigéria	22.15	41.89%
Sénégal	1.26	2.39%
Sierra Leone	1.31	2.48%
Togo	1.04	1.97%
Total	**51.44**	**100.00%**

Source des données: JHU SAIS China-Africa Research Initiative, février 2019, http://www.sais-cari.org/s/FDIData_19Feb2020.xlsx

Considérez les données de 2019 dans les tableaux 1 et 2; les flux d'IDE entre 2003 et 2018 vers les deux sous-régions — Afrique centrale: 12,2 %, avec environ 55,38 % vers la République démocratique du Congo et le moins vers São Tomé et Príncipe — 0,01 %; et Afrique de l'Ouest: 18 %, avec environ 41,89 % au Nigeria, et le moins — 0,03 % au Burkina Faso. Ensemble, les deux sous-régions d'Afrique centrale et de l'Ouest ont reçu un peu moins d'un tiers des IDE (stock = 31,8 % et flux = 30,3 %) vers l'Afrique.

Flux Chinois, Afrique centrale et de l'ouest (2003 to 2018)

Montant en Milliards de Dollars Américains

50.00
40.00
30.00
20.00
10.00
0.00

2003 2004 2005 2006 2007 2008 2009 2010 2011 2012 2013 2014 2015 2016 2017 2018

■ Afrique Centrale ■ Afrique de l'Ouest
▒ Afrique - Autre ■ L'Afrique Entier

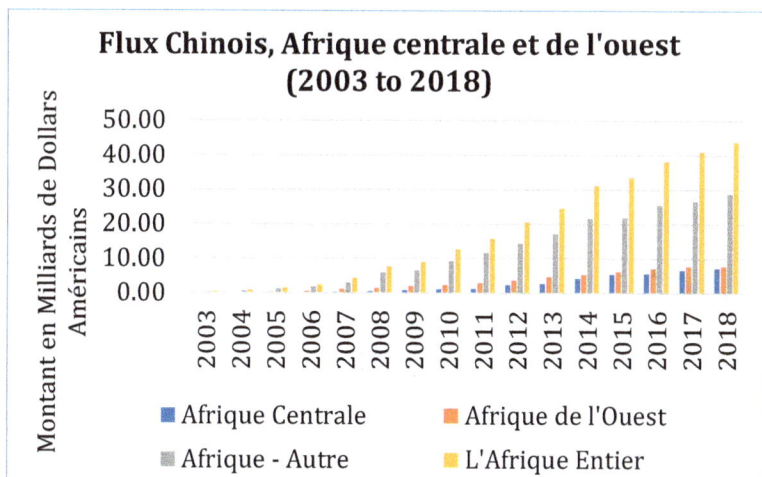

Graphique 2: Flux d'IDE – Afrique centrale et l'ouest (2003-2018)

Données sources: JHU SAIS China-Africa Research Initiative, février 2019,
http://www.sais-cari.org/s/FDIData_19Feb2020.xlsx

La Graphique 2 montre la répartition des flux d'IDE, tandis que la Graphique 3 montre la répartition du stock d'IDE par les deux sous-régions d'Afrique centrale et de l'Ouest par rapport au reste du continent pour la période 2003 à 2018. Les observations d'IDE au cours de la même période sont à la hausse pendant les engagements de la Chine dans les sous-régions et sur l'ensemble du continent. Cette tendance à la hausse confirme encore que la Chine est devenue le principal acteur en Afrique. Les sous-régions avec le plus de projets mis en œuvre en nombre et en valeur sont l'Afrique australe et l'Afrique de l'Ouest, tandis que l'Afrique centrale est à la traîne.

Stock d' IDE, Afrique centrale et de l'ouest (2003 to 2018)

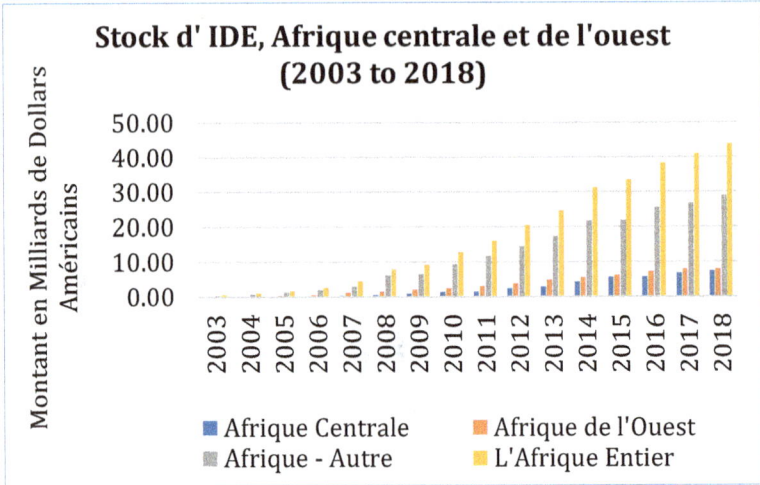

Graphique 3: Stock d'IDE – Afrique centrale et l'ouest (2003-2018)

Source des données: JHU SAIS China-Africa Research Initiative, Février 2019,
http://www.sais-cari.org/s/FDIData_19Feb2020.xlsx

Vous trouverez ci-dessous une brève appréciation de certains projets clés de l'ICR entrepris dans trois pays des sous-régions d'Afrique centrale et l'ouest, dont la plupart sont conformes à l'Agenda 2063 de l'UA visant à relier les 54 pays africains par le biais de projets d'infrastructure de transport, y compris des autoroutes modernes, aéroports et chemins de fer à grande vitesse (Metwally, 2019). Les pays discutés sont le Cameroun, le Ghana et le Nigéria, les plus grands bénéficiaires de l'ICR dans les deux sous-régions.

A. CAMEROUN:
PROJETS DE ROUTE A DEUX VOIES KRIBI-LOLABE ET DE PORT EN MER PROFONDE DE KRIBI

Le Cameroun représente la plus grande part des projets ICR dans la sous-région de l'Afrique centrale — 26 projets en total représentant 56,4 % des projets en valeur. Le gouvernement détient 53,8 % des projets, dont la majorité dans le secteur des transports. La route à double voies Kribi-Lolabe de 38,5 km (23,9 milles), construite par une entreprise chinoise et évaluée à 456 millions de dollars américains, représente l'un des cinq projets d'infrastructure routière dans la région (Labuschagne, Dedasaniya, Davies, et Essop, 2018). À l'achèvement de l'autoroute, le gouvernement camerounais a conclu un accord d'exploitation et de maintenance avec China Harbour Engineering Corporation (CHEC).

Le gouvernement camerounais a également lancé un projet de construction d'un port de transit autonome dans la ville de Kribi (développé en trois phases); le plus grand port en eau profonde d'Afrique centrale et l'un des plus grands projets d'investissement chinois au monde. Le gouvernement chinois s'est engagé à financer 85 % de la construction par le biais de l'EIBC, tandis que le gouvernement du Cameroun est responsable du financement de la différence. Le coût prévu à l'achèvement est estimé à 1,3 milliard de dollars américains (1,1 milliard d'euros). Le CHEC, géré par l'État, a supervisé la construction de la première phase (Schenkel, 2018), et la construction de la deuxième phase a commencé un an plus tard en 2018 et devrait être livrée en 2023. Le Cameroun a d'autres projets à forte valeur dans le secteur minier (Ngaoundal et Mini-Martap — 6 milliards de dollars, Mbalam-Nabeba — 4,7 milliards de dollars et Nkamouna-Mada — 830 millions de dollars); et le barrage hydroélectrique de Memve'élé évalué à 365 milliards de FCFA (soit 654,3 millions de dollars US) et les projets Lom Pangar (évalués à 490 millions de dollars US) entre autres financés par l'Eximbank où le Cameroun a de nouveau opté pour les financiers chinois par rapport aux financiers occidentaux (Chen et Landry, 2016).

Le PIB du Cameroun en 2019 était de 38,76 milliards de dollars (représentant 0,03% de l'économie mondiale) selon les données officielles de la Banque mondiale et les projections de Trading Economics (2020). Le pays a connu une croissance régulière et a élaboré un plan ambitieux pour devenir une économie émergente d'ici 2035. Fitch Ratings a récemment révisé les perspectives sur les notations par défaut des émetteurs en devises étrangères (IDR) à long terme du Cameroun de Stable à Négative et a maintenu la notation à 'B.' La raison de cette révision est liée à la contraction prévue de l'économie de 2,1 % en 2020, en grande partie en raison des retards dans la mise en œuvre des projets d'infrastructure, en raison de contraintes de financement, et des mesures modérées de confinement du coronavirus (COVID-19) qui ont affaibli les performances dans le les secteurs de la construction, des transports et du commerce; la chute des prix du pétrole brut et la suspension des activités de la seule raffinerie de pétrole — SONARA, et les problèmes de sécurité persistants dans la région minoritaire Anglophone et la région de l'Extrême-Nord du pays qui ont lourdement pesé sur la production agricole. Selon les prévisions, le déficit budgétaire sur la base des engagements devrait se creuser pour atteindre 5,3 % du PIB en 2020, et l'effet sera une réduction de 14 % des recettes publiques. Ces quelques raisons sont des indicateurs que le Cameroun présente actuellement des vulnérabilités qui, si elles ne sont pas surveillées, pourraient conduire à un surendettement. En 2019, le Cameroun a bénéficié d'une annulation par la Chine d'une dette impayée d'une valeur de 78,4 millions de dollars US qui était due en 2018 (Belt et Road News, 2019a). La dette totale du Cameroun est de 5,8 mille milliards de francs CFA (ou 10 milliards de dollars), dont environ un tiers est dû à la Chine, selon le FMI. Ce geste d'allégement de la dette par la Chine est considéré par le Cameroun comme une mesure positive pour soutenir son programme de développement.

B. GHANA:
DEVELOPPEMENT INTEGRE DE PETROLE ET DE GAZ DANS LE BLOC OFFSHORE ET PROJET DE CENTRALE ELECTRIQUE MAREMOTRICE DANS L'ESTUAIRE D'ADA

Le Ghana compte une trentaine de projets, évalués à 10 milliards de dollars américains sous la bannière de l'ICR. Le Projet de Développement Intégré de Pétrole et de Gaz dans le Bloc Offshore situé à environ 60 kilomètres au large de la côte ouest du Ghana est évalué à 7 milliards de dollars et est entré en production depuis 2017. Il s'agit du seul projet de développement de gaz non associé entièrement dédié au marché intérieur en Afrique subsaharienne. Le bloc, selon Badu (2019) dispose de réserves d'environ 40 milliards de mètres carrés de gaz non associé et de 500 millions de barils de pétrole (Labuschagne, et al., 2018).

L'engagement entre la Chine et le Ghana dans la centrale marémotrice de l'estuaire d'Ada, évaluée à 4 milliards de dollars américains (depuis sa mise en service), montre également la relation stratégique entre les deux pays, en particulier dans le développement des infrastructures. En 2019, selon les mots de Yoofi Grant, directeur général du Centre de promotion des investissements du Ghana, l'idée de la Chine de développer des lignes commerciales le long des infrastructures était importante pour le Ghana, ce qui est stratégique à ce sujet (Xinhua, 2019). Le Ghana a un plan de développement solide présenté dans son programme Ghana Beyond Aid (Belt et Road News, 2019b). Un autre projet en préparation est le projet d'expansion du port de Tema, évalué à 1,5 milliard de dollars américains.

Le PIB du Ghana en 2019 était de 66,98 milliards de dollars américains. Selon Focus Economics (2020), l'économie s'est fortement contractée au deuxième trimestre, la COVID-19 et les mesures de confinement associées ayant pesé lourdement sur l'activité intérieure et la demande étrangère. Bien que les perspectives économiques du pays soient passées de négatives à stables, Standard and Poors (S&P) Global Ratings a abaissé sa note de crédit de B à B- à la mi-septembre. L'économie, cependant, devrait croître de 0,5 % en 2020 et de 4,8 % en 2021. En 2019, la Chine a accepté d'accorder au Ghana un allégement de la dette de 36 millions de dollars, tout en lui accordant une subvention d'un montant de 43 millions de dollars américain pour lesquels aucun détail n'a été fourni (Orlander, 2019). Cet allégement est insignifiant par rapport à la dette du Ghana de 38,9 milliards de dollars. Le FMI suggère que le Ghana a un ratio dette/PIB de 58 %, ce qui soulève des inquiétudes quant à sa capacité à assurer le service des prêts s'ils restent sur la même voie.

C. NIGERIA:
PROJETS D'EXTENSION DU GAZODUC AJAOKUTA-KADUNA-KANO, DU RAIL LAGOS-KANO, ET DE L'AUTOROUTE EXPRESSE LAGOS-BADAGRY

Le Nigeria abrite le plus grand nombre de projets exécutés en Afrique de l'Ouest par la Chine sous la bannière ICR, avec 32 projets représentant 30,5 % des projets dans la sous-région, évalués à 63 milliards de dollars. Le projet de gazoduc Ajaokuta-Kaduna-Kano de 2,8 milliards de dollars US financé par la Chine et capable de transporter du gaz naturel entre le sud et le nord du pays est important pour les Nigérians (Nyabiage, 2020). China Civil Engineering Construction Corporation a reçu un contrat de 6,68 milliards de dollars américains pour travailler sur un segment majeur d'une voie ferrée reliant le centre commercial du pays, Lagos, au sud-ouest, et Kano au nord (Radford, 2018). Ce projet a été divisé en segments pour sa mise en œuvre (Labuschagne, et al., 2018). Selon Odutola (2019), les entreprises chinoises ont actuellement un investissement au Nigeria d'une valeur de plus de 20 milliards de dollars américains. Parmi les autres projets, citons le projet d'extension de l'autoroute Lagos-Badagry évalué à 1,9 milliard de dollars, le chemin de fer Lagos-Ibadan, la construction d'une route Marina-Iddo-Okokomaiko de 27,5 kilomètres et le projet de train léger sur rail de Lagos et 600 millions de dollars pour quatre terminaux d'aéroport international), l'hydroélectricité (contrat pour la construction de centrales hydroélectriques à Mambilla, Gurara et Zungeru).

Le Nigéria possède la plus grande économie d'Afrique avec un PIB en 2019 de 448,12 milliards de dollars américains (Trading Economics, 2020). À son apogée en 2014, le PIB était de 568,5 milliards de dollars américains. Ce PIB devait initialement augmenter de 2,9 % en 2020 et de 3,3 % en 2021. Cependant, avec l'émergence de la pandémie de COVID-19, la Banque mondiale prévoyait une baisse de -3,2 % pour 2020, soit une baisse de cinq points de pourcentage par rapport aux précédentes projections. La valeur du PIB du Nigéria représente 0,37 % de l'économie mondiale. De nombreux Nigérians ont perdu leur emploi en raison du COVID-19, combiné à une baisse des volumes d'exportations telles que le pétrole, son économie s'est contractée de 6,1 % au deuxième trimestre 2020 (Kazeem, 2020). Le chômage a également augmenté de 27,1% de la population active, représentant (21,7 millions de Nigérians). Le stock d'IDE des États-Unis vers le Nigeria était de 5,8 milliards de dollars américains en 2017, selon le représentant américain au commerce (Shinn, 2017), tandis que le stock d'IDE chinois était de 4,7 milliards de dollars américains (Cook, 2019). Cependant, une part importante des IDE américains au Nigeria et sur le continent va dans le secteur des ressources. La Graphique 4 montre une comparaison des flux d'IDE vers l'Afrique en provenance principalement des États-Unis et de la Chine, démontrant que la Chine a dépassé les États-Unis dans les engagements d'investissement en Afrique.

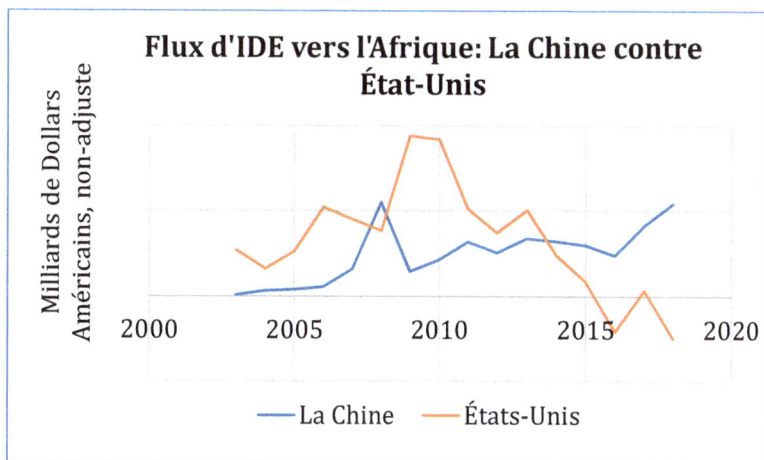

Graphique 4: Flux d'IDE - La Chine contre les États-Unis (2003-2018)

Source des données: JHU SAIS China-Africa Research Initiative, février 2019, http://www.saisc ari.org/s/FDIData_19Feb2020.xlsx

SOUS-REGION NORD AFRIQUE:
CONCESSIONS MUTUELLES DE DÉVELOPPEMENT DE L'INFRASTRUCTURE

Entre les années 2014 et 2018, l'Afrique du Nord a exécuté environ 228 projets pour une valeur de 336,4 milliards de dollars. L'Afrique australe détient le plus grand nombre de projets achevés — 509, suivis de l'Afrique de l'Ouest — 421; et les valeurs correspondantes de ces projets montrent que la sous-région de l'Afrique centrale a reçu le moins de projets — 106 avec une valeur totale de 112,7 milliards de dollars (voir Graphique 5).

Valeurs des projet de Construction en Afrique

Région	Valeur
Afrique de l'Ouest	491.9
Afrique Australe	593.4
Afrique du Nord	336.4
Afrique de l'Est	265.3
Afrique Centrale	112.7

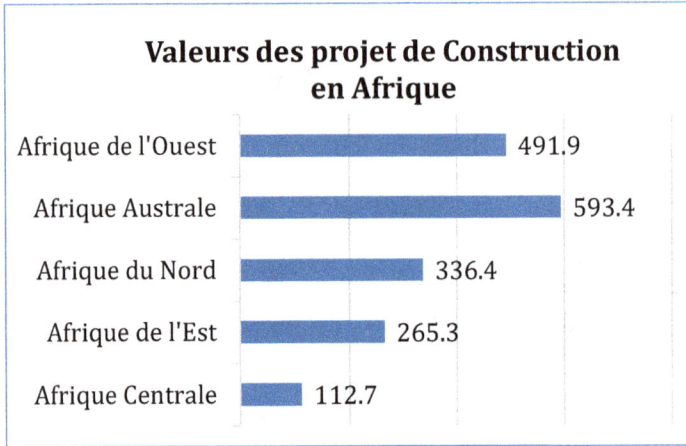

Graphique 5: Valeur des projets de construction en Afrique (2014–2018)

Source des données: Deloitte: https://www2.deloitte.com/za/en/pages/energy-and-resources/artic les/africa-construction-trends-report.html.

Tableau 3: Stock d'IDE en Afrique du Nord (2003–2018)

Pays	Stock d'IDE (milliards de dollars américains)	Pourcentage
Algérie	18.34	42.5%
Égypte	6.55	15.2%
Libye	1.75	4.1%
Maroc	1.64	3.8%
Soudan	14.76	34.2%
Tunisie	0.13	0.3%
Total	43.18	100.0%

Sources de Données: JHU SAIS China-Africa Research Initiative, février 2019. http://www. saiscari.org/s/FDIData_19Feb2020.xlsx

Une grande partie des IDE chinois en Afrique vont au secteur des ressources naturelles, mais ces dernières années, il y a eu une diversification vers la fabrication, la finance et les infrastructures de capital (Dahman-Saïdi, 2013a).

60

Considérez les données de 2019 dans le tableau 3; le stock d'IDE entre 2003 et 2018 pour la sous-région de l'Afrique du Nord: 14,4 %, avec environ 42,5 % allant à l'Algérie et le moins à la Tunisie — 0,3 %.

Si l'IDE est censée être un facteur dans la réalisation des objectifs de développement d'une nation, alors les gouvernements africains doivent mettre en œuvre une stratégie active pour attirer l'IDE et le faire fonctionner pour l'avancement de leur pays en utilisant des incitations précieuses. La Conférence des Nations Unies sur le Commerce et le Développement (CNUCED) en 2013 a indiqué que 68 % du revenu total des actions des IDE en Afrique en 2011 ont été rapatriés, contre 58 % pour tous les pays et 44 % pour toutes les économies en développement (Dahman-Saïdi, 2013a).

Les observations des IDE au cours de la même période indiquent une tendance à la hausse des engagements de la Chine sur l'ensemble du continent confirmant la Chine comme un partenaire de développement qui sera sur le continent pour une longue période. Les partenariats chinois en Afrique ont abouti à des investissements majeurs et à un flux de crédit fournissant les ressources indispensables aux pays membres de l'ICR pour la mise en œuvre de projets d'infrastructure urgents; même si l'un des principaux défis demeure: assurer la maintenance de ces grands projets d'infrastructures. Ces nations ont attiré des financements externes pour la mise en œuvre de ces projets. Vous trouverez ci-dessous une brève description de certains projets clés de l'ICR entrepris dans la sous-région d'Afrique du Nord. Selon Metwally (2019), ces projets sont conformes à l'Agenda 2063 de l'Union africaine (UA) qui vise à connecter les 54 pays africains par le biais d'infrastructures de transport — aéroports, chemins de fer à grande vitesse et autoroutes modernes. La majeure partie de l'Afrique de l'Est est actuellement reliée à la fois par des ports et des réseaux ferroviaires. Les pays en tête de liste des plus grands emprunteurs de la sous-région de l'Afrique du Nord sont l'Égypte, le Maroc et le Soudan. Certains des projets financés par ces prêts comprennent la centrale électrique El Gaili Cycle, le chemin de fer et le port de Khartoum, le pont King Mohammed VI, la ville technologique Mohammed VI de Tanger, la nouvelle capitale administrative et la station thermale de Qarrel, entre autres.

A. EGYPTE:
NOUVELLE CAPITALE ADMINISTRATIVE A L'EST DU CAIRE

La nouvelle capitale administrative de l'Égypte financée par l'ICR est révolutionnaire. Les relations traditionnellement anciennes entre la Chine et l'Égypte justifient que cette dernière soit parmi les premières nations à signer un protocole d'accord (PA) avec la première. Les manifestations du printemps arabe de 2011 ont entraîné une instabilité dans les pays d'Afrique du Nord, entraînant une détresse économique. La Chine était l'un des rares pays disposés à accorder une aide au crédit à l'Égypte. La Chine a lancé plusieurs projets, dont la création d'une zone industrielle dans le golfe de Suez, l'introduction d'un système de train électrique pour sa nouvelle capitale et d'autres investissements au Sahara occidental. Entre 2015 et 2017, la Chine a prêté à l'Égypte un montant de 1,03 milliard de dollars américains pour financer des projets d'infrastructures spécifiques; et au cours de la même période, environ 1 900 ressortissants chinois ont été recrutés sur les chantiers de construction.

L'Égypte a bénéficié à hauteur de plus de 7 milliards de dollars américains de projets d'infrastructure mis en œuvre par des entreprises chinoises. Les projets de construction remarquables en cours en Égypte prévus par la Chine sont la deuxième phase de la nouvelle capitale administrative du quartier central des affaires de l'Égypte, d'une valeur de 3,5 milliards de dollars américains, et une usine pétrochimique dont le budget est de 6,1 milliards de dollars américains. En outre, la Chine a les yeux rivés sur une station de stockage d'eau d'une valeur de 2,7 milliards de dollars et sur une centrale électrique au charbon. Le projet Administrative Capital est actuellement en construction à l'est du Caire, projet lancé en 2015; et selon Lindsey (2017), la première phase a été estimée à 45 milliards de dollars américains (380 milliards de LE); tandis que l'ensemble du projet devrait être construit sur sept ans. La nouvelle capitale administrative et financière de l'Égypte abrite les principaux départements gouvernementaux et ministères, et les ambassades étrangères sur une superficie totale de 270 milles carrés (700 kilomètres carrés) retenues pour la réalisation du projet, qui selon Fouly (2019), la population devrait être de 6,5 à 7 millions de personnes.

L'Égypte est un élément essentiel de l'initiative UCUR de la Chine, en raison de sa situation géographique et des relations diplomatiques étroites dont les deux pays ont bénéficié. En 2018, un consortium chinois comprenant Shanghai Electric et Dongfang Electric a remporté un appel d'offres pour la construction d'une centrale électrique au charbon de 6 000 mégawatts (MW) à Hamrawein, sur la mer Rouge, avec une offre de 4,4 milliards de dollars. En février 2020, en raison de la pandémie de COVID-19, l'Égypte a reporté sine die la construction financée par la Chine de la centrale électrique de Hamrawein. Il est prévu qu'à mesure que le COVID-19 diminue, la mise en œuvre du projet sera relancée.

B. MAROC:
PONT A HAUBANS DE ROI MOHAMMED VI A RABAT

En se concentrant sur les secteurs des transports, de l'énergie et de l'immobilier, les investissements chinois et les contrats au Maroc entre 2014 et 2019 ont totalisé 1,26 milliard de dollars. En 2016, le groupe chinois Chint Group a construit une capacité de production d'énergie solaire photovoltaïque de 172 MW avec l'entreprise saoudienne ACWA Power. Le développement du complexe solaire Noor Ouarzazate au Maroc, la plus grande centrale solaire au monde, illustre une synergie commerciale constructive entre des partenaires de Chine, des États arabes du Golfe, d'Europe et du Maroc (Tanchum, 2020). Le pont à haubans de Roi Mohammed VI, qui a coûté 32,5 millions de dollars, témoigne du potentiel constructif de la coopération sino-européenne-marocaine. Les travaux de construction ont commencé en 2011 et se sont achevés en 2016 et ont un trafic quotidien de 20 000 personnes. Le pont, un projet de 42 kilomètres de long, 200 mètres de haut et 30 mètres de large, a été financé par la Banque européenne d'investissement (BEI) et la Société nationale des autoroutes du Maroc et construit par le China Railway Major Bridge Engineering Group (RMBEG).

Casablanca — le Maroc a déclaré qu'un projet de 10 milliards de dollars américains pour la construction d'un pôle industriel et technologique, qui créerait 100 000 emploies près de la ville septentrionale de Tanger, serait financé par le groupe chinois Haite, la Bank of Africa de BMCE et le gouvernement marocain. Le Maroc et le gouvernement chinois ont signé l'année dernière un protocole d'accord pour la ville de 2 000 hectares. Mohammed VI Tanger Tech City contribuera au développement des activités économiques à Tanger et au nord du Maroc. Elle est le résultat d'une politique gouvernementale de diversification des partenariats économiques avec plusieurs pays.

C. SOUDAN:
LE CHEMIN DE FER DE PORT SOUDAN A KHARTOUM ET LE BARRAGE DE MEROWE

Pour contourner les sanctions occidentales, le Soudan s'est tourné vers la Chine en tant que fournisseur majeur de financement et d'investissement pour le développement (Roessler, 2013) et cette dernière a aidé à établir l'industrie pétrolière soudanaise et a fourni une assistance agricole à l'industrie cotonnière. Le Soudan a reçu plus de 5 milliards de dollars américains de la Chine en engagements officiels de financement du développement (Roessler, 2013). Le Soudan a accordé à la société chinoise Sinohydro Corporation un contrat de 300 millions de dollars pour la construction de 486 kilomètres de routes dans le pays, un projet qui devrait apporter une contribution significative à l'amélioration du réseau de transport routier du Soudan dans le nord et le centre du pays. Les projets d'infrastructure antérieurs étaient tous liés au secteur de l'électricité, à commencer par la construction de la centrale électrique à cycle d'El Gaili en 2001 et de la centrale thermique de Qarrel en 2002. La Chine a ensuite financé trois importants projets de production thermique pour des centrales au charbon et au gaz à Port Soudan, Al-Fulah et Rabak. Ainsi, un total de plus de 2 200 MW de nouvelle capacité de production thermique a été ajouté avec le soutien de la Chine.

La ligne ferroviaire de 782 km entre Port Soudan et Khartoum a été lancée en 2014, la Chine investissant 1,1 milliard de dollars sur un coût total de 1,5 milliard de dollars (Davis, 2016). Cette liaison ferroviaire a été construite avec plus de 1 milliard de dollars de crédits à l'exportation du gouvernement chinois, une ligne qui fait partie des plans ambitieux à long terme de Pékin pour une route commerciale intercontinentale reliant les côtes est et ouest de l'Afrique par une série de routes et liaisons ferroviaires. Cette ligne ferroviaire selon Barber (2020) devrait être étendue à d'autres pays de la région sub-saharienne via N'Djamena, le Tchad dans la sous-région Afrique centrale, et le réseau de lignes ferroviaires en Afrique de l'Est.

Un autre projet de grande envergure dans le secteur de l'électricité — le barrage de Merowe qui génère 1 250 MW a été construit pour un coût estimé à 1,2 milliard de dollars américains, un projet hydroélectrique juste derrière le projet hydroélectrique de Mambilla au Nigeria — le plus grand projet international auquel la Chine n'ait jamais participé. Les financiers du projet comprenaient les personnes suivantes:

1. China EXIM Bank a investi un montant de 400 millions de dollars américains,
2. Le Fonds Saoudien (SF) a contribué la somme de 150 millions de dollars,
3. La Banque arabe pour le développement économique en Afrique (BADEA) a avancé le montant de 100 millions de dollars,
4. Le Fonds Koweïtien pour le développement économique arabe (KFAED) a contribué à hauteur de 100 millions de dollars EU, et
5. Le Fonds d'Abu Dhabi (ADF) a apporté une contribution de 100 millions de dollars.

La société chinoise Sinohydro a participé à la construction de la centrale, tandis que la Harbin Power Engineering Company et la Jilin Province Transmission and Substation Project Company ont repris la construction des 1 776 kilomètres de lignes de transmission pour le projet. L'achèvement du barrage a entraîné une augmentation importante du taux d'électrification du pays et a entraîné la réinstallation de 55 000 à 70 000 habitants loin des zones agricoles fertiles entourant le Nil.

SOUS-REGION AFRIQUE DE L'EST ET AUSTRALE: LIENS QUI LIENT OU ETOUFFENT LE DÉVELOPPEMENT DES INFRASTRUCTURES

La grande partie des IDE chinois en Afrique va au secteur des ressources naturelles, mais ces dernières années, il y a eu une diversification vers la fabrication, la finance et les infrastructures de capital

(Dahman-Saïdi, 2013a). En comparant les stocks d'IDE entrants en pourcentage du PIB à travers le continent, il apparaît que l'Afrique bénéficie en fait de la ICR (Dahman-Saïdi, 2013b). Certains pays ont réussi à tirer parti du financement et de la mise en œuvre technique de la Chine pour de grands projets (voir tableau 4) plus que d'autres entre les années 2014 et 2018, tandis que d'autres n'ont pas amélioré leurs performances.

Tableau 4: Projets de construction en Afrique (2014–2018)

Région	2014	2015	2016	2017	2018	Total
Afrique centrale	13	23	24	20	26	106
Afrique de l'est	51	61	43	71	139	365
Afrique du nord	8	29	42	40	109	228
Afrique australe	119	109	85	93	103	509
Afrique l'ouest	66	79	92	79	105	421
Total	257	301	286	303	482	1,629

Source des `données: https://www2.deloitte.com/za/en/pages/energy-and-resources/articles/africa-construction-trends-report.html.

«Les observations d'IDE (entre 2003 et 2008) indiquent une tendance à la hausse dans les engagements de la Chine dans les sous-régions et sur l'ensemble du continent. Cette tendance à la hausse confirme que la Chine est devenue le principal acteur en Afrique. Les sous-régions avec le plus de projets mis en œuvre en nombre et en valeur sont l'Afrique australe et l'Afrique de l'Ouest, tandis que l'Afrique centrale [est à la traine] (Dzekashu et Anyu, 2020, p. 25).

Considérez les données de 2019 dans les tableaux 5 et 6; le stock d'IDE entre 2003 et 2018 vers les deux sous-régions - Afrique de l'Est: 16,5 %, dont environ 23,0 % vers l'Éthiopie et le moins vers les Comores - 0,01 %; et Afrique australe: 38,7 %, dont environ 47,3 % en Afrique du Sud, et le moins — 0,01 % au Lesotho (Johns Hopkins University SAIS China Africa Research Initiative, 2020a). La Somalie a officiellement rejoint l'ICR en 2018, tandis que le Royaume d'eSwatini (anciennement Swaziland) n'a pas signé l'ICR avec la Chine (Dahir, 2019) par ce que eSwatini reconnaît Taïwan comme une nation souveraine, que Pékin considère comme faisant partie intégrante de son territoire. Il n'y a donc pas de données à rapporter pour les deux nations. Ensemble, les deux sous-régions ont reçu plus de la moitié du stock d'IDE, soit 55,2 % en Afrique.

Tableau 5: Stock d'IDE à l'Afrique de l'est (2003–2018)

Pays	Stock d'IDE (Milliards de Dollars Américains)	Pourcentage
Burundi	0.10	0.2%
Comores	0.06	0.1%
Djibouti	0.73	1.5%
Erythrée	1.31	2.6%
Ethiopie	11.42	23.0%
Kenya	8.34	16.8%
Madagascar	4.20	8.5%
Maurice	7.94	16.0%
Rwanda	0.88	1.8%
Seychelles	1.46	2.9%
Soudan du Sud	0.21	0.4%
Tanzanie	8.59	17.3%
Ouganda	4.44	8.9%
Total	49.69	100.0%

Source des données: http://www. saiscari.org/s/FDIData_19Feb2020.xlsx

Tableau 6: Stock d'IDE à l'Afrique australe (2003–2018)

Pays	Stock d'IDE (Milliards de Dollars Américains)	Pourcentage
Angola	12.70	10.9%
Botswana	2.68	2.3%
Lesotho	0.11	0.1%
Malawi	1.75	1.5%
Mozambique	5.65	4.9%
Namibie	3.36	2.9%
Afrique du Sud	55.01	47.3%
Zambie	22.73	19.5%
Zimbabwe	12.34	10.6%
Total	116.33	100.0%

Source des données: http://www. saiscari.org/s/FDIData_19Feb2020.xlsx

Les partenariats chinois en Afrique ont abouti à des investissements majeurs et à des flux de crédit fournissant les ressources indispensables aux pays membres de l'ICR pour mettre en œuvre des projets d'infrastructure désespérément nécessaires, bien que l'un des principaux défis demeure: assurer la maintenance de ces projets d'infrastructure à grande échelle. Vous trouverez ci-dessous une brève description de certains projets clés de l'ICR entrepris dans les sous-régions de l'Afrique de l'Est et australe. Ces projets sont conformes à l'Agenda 2063 de l'UA qui vise à connecter les 54 pays africains par le biais d'infrastructures de transport — aéroports, chemins de fer à grande vitesse et autoroutes modernes (Metwally, 2019).

Les pays en tête de liste des plus gros emprunteurs sont l'Angola, le Kenya, l'Afrique du Sud, la Zambie, l'Ouganda et l'Éthiopie dans les sous-régions de l'Afrique de l'est et australe (classés par ordre de taille de leur dette, du plus grand au plus petit). Certains des projets financés par ces prêts comprennent le chemin de fer Addis-Abeba-Djibouti, l'aéroport international Ahmed Dini Ahmed, la centrale hydroélectrique de Caculo Cabaça, le port polyvalent de Doraleh, l'aéroport international Hassan Gouled Aptidon, le chemin de fer Mombasa-Nairobi et le bâtiment du Parlement du mont Hampden entre autres.

A. ANGOLA:
CENTRALE HYDROÉLECTRIQUE DE CACULO CABAÇA

Entre les années 2015 et 2017, l'Angola était le plus grand emprunteur public africain auprès de la Chine avec une moyenne de 8, 113 milliards de dollars américains par an, ce qui représente 33,3 % de son revenu national brut (RNB). La nation est riche en ressources avec un PIB important qui peut se permettre d'assumer une dette extérieure importante (Dollar, 2109). L'Angola a signé en 2017 un accord avec la société chinoise Gezhouba Group Company Limited pour la construction de la centrale hydroélectrique de Caculo Cabaça dans le village de São Pedro da Quillemba, près de la ville de Dondo, à environ 195 kilomètres de la capitale Luanda. La centrale a une capacité de production d'électricité prévue de 2 172 mégawatts et devrait coûter 4,5 milliards de dollars américains (Harris, 2017), dont 85 % sont financés par l'entreprise publique Industrial and Commercial Bank of China (ICBC). L'entreprise de construction possédera, exploitera et entretiendra la station pendant une période d'au moins quatre ans après la mise en service; après quoi il doit être remis au personnel local formé. Il est également prévu que la construction entraînera l'embauche d'environ 10 000 travailleurs et devrait être achevée d'ici 2024.

B. DJIBOUTI ET ETHIOPIE:
CHEMIN DE FER ADDIS ABABA-DJIBOUTI

Djibouti est un pays isolé situé dans la Corne de l'Afrique. Ce pays est au cœur de l'ICR chinoise de plusieurs milliards de dollars, soutenant les objectifs commerciaux et militaires de Pékin. Les relations économiques de la Chine avec Djibouti se sont étendues à une coopération militaire accrue dans la région de la Corne de l'Afrique. Parmi les nombreux projets d'infrastructure de Djibouti, la Chine a construit une base militaire d'une capacité de 10 000 hommes où elle a déployé des navires de sa flotte des mers du Sud. La base de Djibouti est un signe de la présence navale croissante de la Chine à travers le monde. Pendant ce temps, la Chine a fait valoir que ses missions antipiraterie depuis la base de Djibouti ont augmenté sa capacité à soutenir les projets UCUR. En raison de l'ICR, l'Éthiopie et Djibouti sont désormais reliés par le chemin de fer Addis-Abeba-Djibouti et l'oléoduc Éthiopie-Djibouti. Le port polyvalent Doraleh de Djibouti, l'aéroport international Hassan Gouled Aptidon et l'aéroport international Ahmed Dini Ahmed à Obock ont été construits pour un montant total de 596 millions de dollars avec le soutien de la Chine. Au total, l'EXIM Bank of China a prêté environ 1 milliard de dollars américains à Djibouti, finançant près de 40 % des importants projets d'infrastructure et d'investissement de Djibouti.

La Chine a construit la zone industrielle orientale (EIZ) de l'Éthiopie en tant que centre de fabrication à l'extérieur d'Addis-Abeba, et elle est occupée par des usines appartenant à des fabricants chinois. Il y a environ 83 entreprises dans la zone, dont plus de 56 ont commencé la production. L'EIZ doit encore faciliter le développement économique global de l'Éthiopie en raison de nombreux facteurs, notamment la médiocrité des infrastructures en dehors de la zone. Les écarts entre les industries chinoises et éthiopiennes signifient que cette dernière ne peut pas bénéficier du transfert technologique direct et de l'innovation. En 2012, des entreprises chinoises ont été engagées pour reconstruire les chemins de fer centenaires Ethio-Djibouti en construisant un nouveau chemin de fer électrique à écartement standard reliant Addis-Abeba et Djibouti. La nouvelle ligne de chemin de fer, qui s'étend sur 756 kilomètres (ou 470 miles) a considérablement raccourci le temps de trajet entre les deux villes. Le premier service de fret a débuté en 2015; tandis que les services passagers ont suivi l'année suivante.

Le coût total de la construction du chemin de fer était d'environ 4 milliards de dollars (Xinhua, 2018) — 1,873 milliard de dollars pour le tronçon Sebeta-Mieso, 1,12 milliard de dollars pour le tronçon Mieso-Dewele et 525 millions de dollars pour le tronçon Dewele-Port de Doraleh (Yewardsen, 2016). Les sources de financement étaient les suivantes; 3 milliards de dollars de l'Exim Bank of China, dont 2,4 milliards de dollars pour la section éthiopienne du chemin de fer et le solde supporté par Djibouti. L'Éthiopie a emprunté 1,3 milliard de dollars supplémentaires pour le système ferroviaire Addis-Abeba-Djibouti; les durées étaient de 15 ans avec une période de grâce de 6 ans à un taux d'intérêt de LIBOR +3,0 % (Dollar, 2019). Un financement supplémentaire a été obtenu auprès de la Banque de développement de Chine et de la Banque industrielle et commerciale de Chine. Ce projet a conduit à l'embauche de 20 000 Ethiopiens et 5 000 Djiboutiens pour les travaux de construction.

C. KENYA:
CHEMIN DE FER MOMBASA-NAIROBI

En 2014, la Chine a signé un accord de coopération avec le Kenya pour construire le chemin de fer à écartement standard reliant Mombasa et Nairobi. Le chemin de fer a coûté 3,2 milliards de dollars, le plus grand projet d'infrastructure depuis son indépendance. Ce chemin de fer de 470 kilomètres a été décrit par le président kenyan, Uhuru Kenyatta, comme «un nouveau chapitre qui commencerait à remodeler l'histoire du Kenya pour les 100 prochaines années». Selon la Kenya Railways Corporation, le chemin de fer a transporté 1,3 million de Kenyans avec un taux d'occupation de 96,7% des sièges et 600 000 tonnes de fret au cours de sa première année d'exploitation. Les médias chinois affirment que la ligne de chemin de fer a augmenté le PIB du pays de 1,5 % et a créé 46 000 emplois pour les habitants locaux et formé 1 600 professionnels des chemins de fer. Le Kenya a emprunté 2 milliards de dollars pour les lignes de chemin de fer: les termes sont de 15 ans avec une période de grâce de 5 ans et un taux d'intérêt de LIBOR + 3,6 % (Dollar, 2019). En 2019, la Chine a soudainement cessé de financer le projet ferroviaire, à environ 75 miles de Nairobi. Cette cessation de financement, cependant, inattendu peut être attribuée aux inquiétudes croissantes à l'échelle mondiale selon lesquelles l'ICR chargeait les pays les plus pauvres d'une dette insoutenable. La Chine a signalé en 2019 qu'elle exercerait davantage de contrôle sur les projets et renforcerait la surveillance.

CHAPITRE CINQ:

IMPLICATIONS FUTURES DE L'ICR

Le continent africain reçoit moins d'IDE que toute autre région du monde. La Chine, pour sa part, a continué d'étendre son empreinte en Afrique en s'associant à davantage de pays dans le cadre de la plateforme d'investissement dans les infrastructures ICR, avec des implications économiques positives pour les pays en développement, bien que constamment éclipsées par des préoccupations politiques et de sécurité nationale. L'ICR est le grand plan centennal de la Chine, qui est actuellement menacé par des défis énormes (Deng, 2019); perceptibles: (1) durabilité du développement en Afrique, (2) surendettement des nations vulnérables et (3) conflit possible entre la Chine et les États-Unis.

La Chine se concentre sur son engagement envers l'ICR au détriment de la durabilité à long terme et l'effondrement des programmes ICR dans certains pays, couplé au ralentissement économique de la Chine résultant de la guerre commerciale avec les États-Unis, a soulevé de sérieux doutes quant à la capacité de survie à long terme de l'ICR. L'ICR dépendra en grande partie de la manière dont la Chine gère la géopolitique et la géoéconomie. Au-delà de la haute politique, l'ICR est en proie à la dette et aux problèmes environnementaux, et compte tenu de sa centralité dans les politiques intérieures et étrangères chinoises, Pékin fera probablement tout son possible pour résoudre les problèmes (Deng, 2019) d'alignement sur la culture de prêt des institutions de Bretton Woods où la transparence est au premier plan (Deng, 2019).

L'ICR chinoise espère fournir un financement d'infrastructure à ses pays membres pour une valeur de milliards de dollars. La production économique annuelle des pays membres est d'environ 25 000 milliards de dollars américains, la Chine représentant environ 45 %. Les pratiques de prêt de la Chine, qui sont souvent directes aux emprunteurs souverains, invoquent le risque de surendettement dans les économies identifiées comme vulnérables. Les pays ICR d'Afrique les plus exposés au risque de surendettement en fonction de leur côté de crédit sont Djibouti, l'Égypte, l'Éthiopie et le Kenya. Parmi ces quatre pays, Djibouti s'est démarqué comme étant le plus exposé au risque de surendettement en raison du futur financement lié à l'ICR. Ces pays ont été identifiés comme étant à risque sur la base d'analyses et de jugements sur des recherches récentes qui montrent un effet de seuil statistiquement significatif avec une augmentation des ratios dette/PIB au-delà de 50-60%.

Dès que Pékin a annoncé son initiative UCUR, la réaction mondiale a été immédiate et prononcée, son ascension semblant défier les plans de l'Occident. Bien que collectivement, les pays occidentaux semblent toujours être plus importants pour les économies africaines que la Chine ne l'est à elle seule, Pékin est devenu le partenaire économique bilatéral le plus important dans de nombreux pays, donnant l'optique de défier les États-Unis et l'Union européenne pour leadership économique à travers le continent (Shinn, 2019). Les États-Unis ont été principalement préoccupés par le tableau sombre ou les problèmes éthiques liés à l'approche de la Chine selon lesquels il semble manquer des possibilités d'être un partenaire actif dans le développement de l'Afrique aux côtés de la Chine (Risberg, 2019). En 2000, les États-Unis sous le président Bill Clinton ont lancé l'AGOA pour développer le commerce principalement en Afrique subsaharienne, stimuler la croissance économique et encourager l'intégration économique dans l'économie mondiale. L'administration américaine actuelle, par l'intermédiaire de l'International Development Finance Corporation (IDFC), a doublé ses efforts d'investissement en Afrique pour atteindre 60 milliards de dollars avec des plans pour prendre des participations et d'autres outils financiers pour investir dans des entreprises locales. Cet effort a créé un fonds pour le développement des infrastructures et, par la suite, l'initiative Blue Dot Network — une vision concurrente de la connectivité mondiale axée sur la sphère indo-pacifique a été déployée (Deng, 2019). En 2018, les principales catégories d'importation de l'AGOA comprenaient le pétrole brut, les minéraux et les métaux, et les équipements de transport ont enregistré de faibles performances, tandis que les textiles et les vêtements, les produits agricoles, les produits chimiques et les produits connexes ont connu une croissance. Après un pic en 2014, les IDE en Afrique en provenance des États-Unis sont tombés à 47,80 milliards USD en 2018. Le découplage économique entre les États-Unis et la Chine et la rivalité géopolitique risquent de rompre la connectivité mondiale sur laquelle l'ICR cherche à s'appuyer (Deng, 2019).

En Afrique, l'ICR a été jugée compliquée et controversée car il est difficile de séparer les résultats économiques positifs et négatifs (Dzekashu et Anyu, 2020). Les questions macroéconomiques sur le caractère constructif de l'ICR ont été complexes; par conséquent, l'appréciation a tendance à se concentrer sur les soupçons des principaux acteurs économiques qui peuvent ne pas comprendre les intentions de la Chine. Vous trouverez ci-dessous une appréciation de l'ICR sur les économies locales qui peut être mesurée à travers la viabilité de la dette et les pratiques de prêt, les approches des pratiques de travail (renforcement des capacités) et les questions éthiques (droits de l'homme et sensibilisation à l'environnement).

L'Afrique, qui représente 17% de la population mondiale avec une part de marché de 1,3 milliard de personnes, a été considérée par l'Europe comme l'antithèse de la civilisation — le cœur des ténèbres selon les mots de Joseph Conrad, et a donc été ignorée pendant des siècles. Le continent fait l'actualité de ses conflits, de sa corruption, de sa pauvreté et de son exotisme; donc considéré comme cause perdue. Plus récemment, un pays a vu une opportunité en Afrique, lançant ainsi une nouvelle course pour l'Afrique, comparable à la ruée vers l'Afrique au 19ème siècle où la Grande-Bretagne et la France voulaient des matières premières, des esclaves et une influence géopolitique. Aujourd'hui, au 21e siècle, les puissances mondiales (Canada, Chine, UE, Inde, Israël, Japon et États-Unis) sont à nouveau dans la même course pour l'Afrique, dans laquelle un pays, la Chine, sort vainqueur. La Chine finance un projet d'infrastructure sur cinq en Afrique et en construit un tiers. La Chine a investi plus de 2 000 milliards de dollars en Afrique depuis 2005.

La perspective mondiale décrit l'ICR comme: «un rassemblement historique de capitaux et une incursion géopolitique remarquable dans l'établissement et le renforcement de corridors commerciaux multinationaux...[et] une entreprise différente de tout ce que nous avons vu à cette échelle depuis des décennies»(McKenzie, 2017). Les entreprises qui investissent dans les projets ICR prennent beaucoup de risques, notamment les restrictions aux investissements étrangers, les réglementations antitrust, les taxes, les lois environnementales sur l'emploi local, l'instabilité politique au sein de diverses juridictions. Ce fut un épisode qui a bien capturé l'ampleur de l'incompréhension de l'engagement de la dette de l'Afrique envers la Chine à la suite de l'influence accrue du géant asiatique sur le continent au cours des deux dernières décennies. Au fur et à mesure que cette initiative se développe, la question qui se pose est «D'où viendront le plus grand changement et la plus grande complexité dans les prochaines années. Les entreprises chinoises ont connu quelques premiers succès, mais l'ICR sera probablement «confrontée à un nombre croissant de complexités à mesure que l'initiative s'élargit» (McKenzie, 2017, p. 25).

VIABILITÉ DE LA DETTE ET PRATIQUES DE PRÊT

Les commentaires publics ont exprimé un malaise quant aux implications de l'ICR pour la viabilité de la dette, citant qu'une initiative de 8 000 milliards de dollars US laissera les États membres avec des «surplombs» de la dette qui pourraient entraver des investissements publics et une croissance économique raisonnables (Hurley, et al., 2018). Pour garantir environ un quart de cette dette, les nations africaines ont hypothéqué les revenus futurs de l'exportation de matières premières telles que le pétrole, le cacao et le cuivre (Soto et Hill, 2020). Il est prévu que la durabilité du financement de l'ICR dépendra en partie du rendement des entreprises de l'ICR raisonnables (Hurley, et al., 2018). On craint également que les problèmes d'endettement ne créent un degré défavorable de dépendance vis-à-vis de la Chine en tant que créancier. La soutenabilité de la dette d'un pays dépend non seulement de variables macroéconomiques mais aussi de la structure de son portefeuille de dette. Pour réduire davantage les prêts risqués et assurer des retours sur investissements durables, la communauté internationale doit travailler avec la Chine (Gerstel, 2018). Contrairement au plan Marshall américain qui distribuait principalement l'aide sous forme de subventions non remboursables, la Chine utilise des prêts souvent assortis de taux d'intérêt commerciaux. Entre les années 2000 et 2017, le Soudan semble avoir emprunté davantage à la Chine que tout autre pays de la sous-région de l'Afrique du Nord, alors qu'au cours de la même période, il n'y avait aucun prêt à la Libye ou au Sahara occidental (voir la Graphique 6).

Prêts chinois à l'Afrique du nord

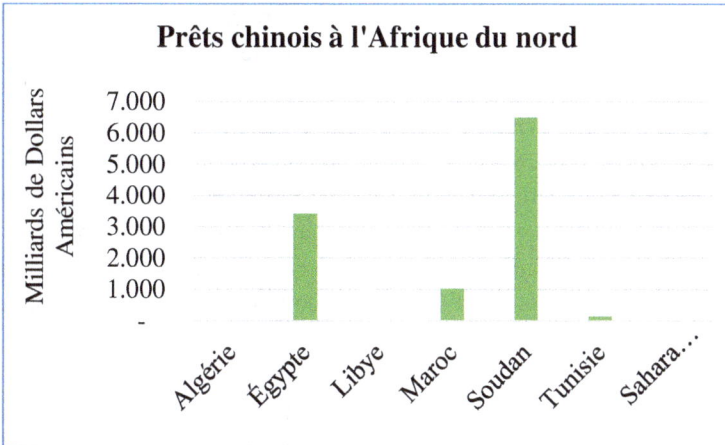

Graphique 6: Prêts chinois à l'Afrique du nord (2000–2017)

Sources des Données: JHU SAIS China-Africa Research Initiative, février 2019, http://www.sai scari.org/s/LoanData_17July2020.xlsx

Bien que l'ICR fournisse un financement d'infrastructures essentielles aux pays en développement, elle laisse également bon nombre de ces pays avec une dette insoutenable. Le FMI et d'autres parties prenantes ont encouragé la Chine à coopérer pour aider les pays le long de la Ceinture et de la Route confrontés à des déséquilibres financiers et à une dette élevée à être en mesure de gérer leur endettement. Selon Shepherd (2019), certains critiques de l'ICR se sont plaints du surendettement ou du «piège de la dette», dans lequel un pays prêt trop d'argent à un autre avec une capacité de remboursement limitée. La situation de la Zambie, où la Chine a repris la compagnie nationale d'électricité et la société nationale de radiodiffusion en raison de son incapacité à respecter ses obligations de remboursement de prêt, a ouvert les yeux et conduit de nombreux États africains à reconsidérer leurs engagements avec la Chine (Soto et Hill, 2020). Il reste à voir si les nations africaines peuvent répondre aux inquiétudes en réécrivant les termes de l'engagement ou en abandonnant complètement l'entente actuelle dans le cadre de l'ICR. Une chose qui est évidente est que la légalité de certains des prêts est contestée dans plusieurs pays — le Kenya, le Nigeria, la Tanzanie, la Zambie - et la Chine subit une pression éthique croissante de la part des gouvernements et des sociétés africaines pour trouver des réponses au problème (Soto et Hill, 2020).

La durabilité du financement de l'ICR dépendra en partie de la productivité des projets ICR exécutés. Alors que de plus en plus de pays africains se tournent vers la Chine pour obtenir un financement et un soutien technique afin de stimuler rapidement le développement des infrastructures, il y a eu de fortes réflexions sur l'ampleur des prêts de la Chine aux pays africains ainsi que sur les motivations du géant asiatique, qui ont été décrites dans certains milieux comme «diplomatie du piège de la dette» (Kazeem, 2020).

La diplomatie du piège de la dette a été décrite comme un objectif chinois à long terme pour piéger les États africains dans des dettes qu'ils ne peuvent pas satisfaire comme prétexte pour finalement obtenir des ressources, des produits de base et des actifs clés. Une autre position sceptique est que la stratégie de la Chine a été celle de prêts échelonnés à des dirigeants incompétents; tout en dissimulant au public les détails des modalités de remboursement; de sorte que si les débiteurs ne sont pas en mesure de rembourser leurs dettes, la Chine reprend leurs actifs nationaux donnés en garantie (Anoba, 2018). Cette suspicion a été rejetée avec l'argument pour des rapports plus précis que l'Afrique n'a pas de problème de dette; au contraire, quelque 10 pays de l'ICR sont actuellement surendettés (Kazeem, 2020). Furness (2020) craint que les difficultés économiques exacerbées par le COVID-19 actuel n'empêchent de nombreux pays africains de respecter leurs engagements; ainsi, craignant qu'ils ne soient introduits dans la diplomatie du piège de la dette.

Compte tenu de la situation de la dette de la Zambie, la dette extérieure actuelle s'élève à 65,8 % du RNB, ce qui la place dans une position préoccupante (Dollar, 2019) et au premier rang des critiques des notes chinoises avec les pays partenaires de l'ICR (Anoba, 2018). La dette publique a augmenté à un rythme insoutenable (International Monetary Fund African Department (2017). Les rapports officiels indiquent que la dette de la Zambie à la fin de 2018 s'élevait à 10,05 milliards de dollars (Smith, 2020). Le gouvernement a cédé la compagnie nationale d'électricité du pays, la Zambia Electricity Supply Corporation, aux Chinois en raison de l'incapacité de la première à respecter son obligation de remboursement de prêt. Cela était attendu car la Chine avait précédemment pris le contrôle de la société de radiodiffusion du pays, la Zambia National Broadcasting Corporation (Jalloh, 2019). On craint également que l'aéroport principal de Lusaka ne soit la prochaine cible (Mizzima, 2020). La Zambie est en situation de surendettement et a un programme actif du FMI, indiquant que la viabilité de la «dette publique du pays a augmenté à un rythme insoutenable et a évincé les prêts au secteur privé et accru la vulnérabilité de l'économie. L'encours de la dette publique et garantie par l'État a fortement augmenté, passant de 36 % du PIB fin 2014 à 60 % fin 2016, en grande partie sous l'effet des emprunts extérieurs et de l'impact de la dépréciation du taux de change» (Mizzima, 2020).

Le gouvernement chinois a accordé un allégement de la dette aux pays de l'ICR en difficulté au cas par cas, s'abstenant pour la plupart de participer à des approches multilatérales d'allégement de la dette (Hurley, et al., 2018). Sans un cadre multilatéral directeur pour définir l'approche de la Chine face aux problèmes de viabilité de la dette, il n'y a que des preuves anecdotiques d'actions informelles prises par la Chine comme base pour caractériser l'approche politique du pays (Hurley, et al., 2018).

Les Graphiques 7 et 8 illustrent la croissance de la dette en Afrique entre les années 2000 et 2017. La croissance a été marquée par une dette record en 2016 de 30,4 milliards de dollars, et la banque EXIM a été le plus grand financier de l'Afrique en déboursant un total de 63,1 milliards de dollars entre 2000 et 2015. Il existe un malaise légitime quant à savoir si ces pays génèrent suffisamment de revenus de ces projets pour continuer à assurer le service de la dette.

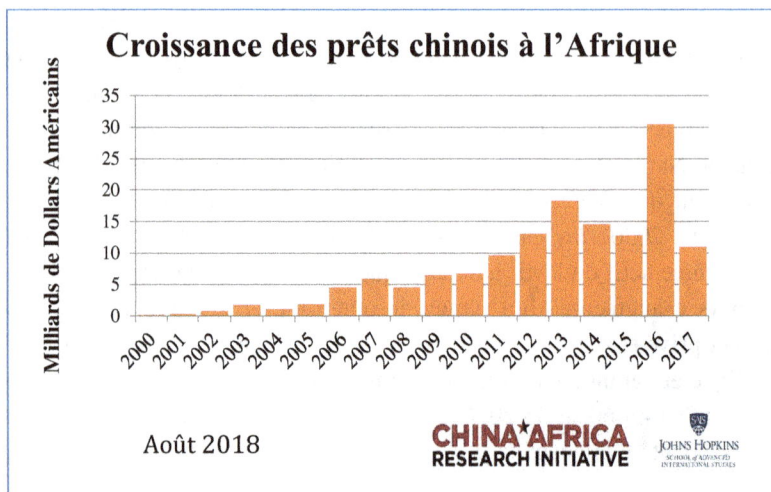

Croissance des prêts chinois à l'Afrique

Graphique 7: Croissance des Prêts chinois à l'Afrique (2000–2017)

Source de données: http://www.saiscari.org/s/LoanData_17July2020.xlsx

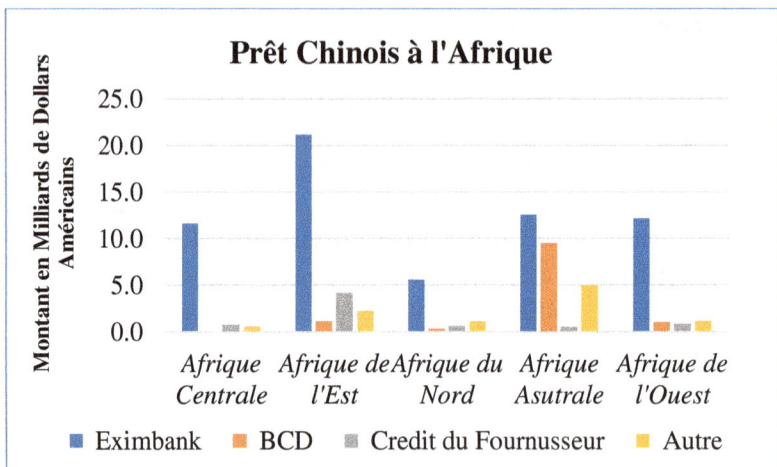

Prêt Chinois à l'Afrique

Graphique 8: Prêts chinois à l'Afrique (2000–2017)

Source des données: http://www.sais-ari.org/s/LoanData_17July 2020.xlsx

La dette souveraine de la Zambie devrait atteindre 96 % du PIB en 2020, et le pays a fait défaut sur plusieurs prêts en 2019, notamment la dette envers la Banque italienne — Intesa pour l'achat d'avions de transport militaire à hauteur de 107 millions de dollars (Smith, 2020). La dette extérieure à la fin de 2018 était de 10,05 milliards de dollars US, contre 8,74 milliards de dollars US l'année précédente (John's Hopkins University SAIS China Africa Research Initiative, 2020c). Le pays a connu des temps difficiles et, fin 2019, cherchait déjà à restructurer, renégocier ou refinancer son importante dette de financement de projets chinois, que ce dernier était réticent à restructurer, recherchant plutôt de nouvelles garanties en cas de défaut(Smith, 2020).

PRATIQUES DE TRAVAIL ET SÉCURITÉ

L'ICR a fait l'objet de vives critiques concernant la pratique consistant à faire venir des ressortissants chinois en tant que travailleurs pour concevoir et réaliser des projets de construction à l'étranger plutôt que d'embaucher des travailleurs locaux (Shepherd, 2019). La Chine semble tenir compte des critiques puisque le nombre de travailleurs chinois dans les pays membres depuis 2015 (voir Graphique 9) connaît une baisse. La question générale est de savoir si l'ICR est une victoire pour les pays membres concernés due principalement au coût d'opportunité des projets. En Égypte, par exemple, certaines opinions sont contre le concept de construction d'une nouvelle capitale administrative parce que le coût énorme a fait souffrir les citoyens égyptiens des mesures d'austérité, alors que d'autres y voient une solution nécessaire pour développer les infrastructures du pays et attirer les investisseurs (Hussein et Pollock, 2019).

Les bénéficiaires des prêts concessionnels de la Chine sont généralement invités à s'approvisionner pour au moins la moitié des achats auprès d'entreprises chinoises. L'Organisation de coopération et de développement économiques a recommandé le déliement de l'aide aux pays moins développés, car ils y voient un moyen plus efficace d'acheminer l'aide et de réduire le fardeau administratif pour les donateurs et les bénéficiaires (Cheng, et al., 2012). Cette approche sur laquelle la Chine a été réprimandée a également été utilisée par l'Italie dans 92 % et le Canada dans 68 % des projets qu'ils ont financés dans les pays moins développés. Alors, n'est-il pas juste de se demander *si ce qui est bon pour l'oie n'est pas bon pour le jars?*

L'ICR en Afrique a été décrite comme étant de nature compliquée et controversée car il est difficile de séparer les résultats économiques positifs des négatifs. Pour la plupart, l'Occident a continué à considérer les engagements dans le cadre de l'ICR avec méfiance, car les termes des engagements sont flous; cependant, l'UE pourrait facilement s'unir pour améliorer la capacité des investisseurs chinois en Afrique au profit du continent et pour une plus grande connectivité économique mondiale.

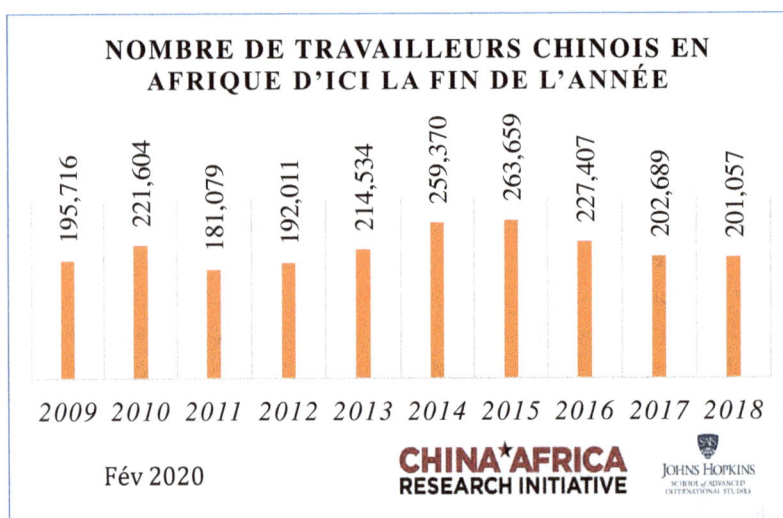

NOMBRE DE TRAVAILLEURS CHINOIS EN AFRIQUE D'ICI LA FIN DE L'ANNÉE

2009	2010	2011	2012	2013	2014	2015	2016	2017	2018
195,716	221,604	181,079	192,011	214,534	259,370	263,659	227,407	202,689	201,057

Fév 2020 — CHINA★AFRICA RESEARCH INITIATIVE — JOHNS HOPKINS SCHOOL of ADVANCED INTERNATIONAL STUDIES

Graphique 9: Travailleurs chinois en Afrique (2009–2018)

Source des Données: JHU SAIS China-Africa Research Initiative, février 2019, http://www.saiscari.org/s/LaborData_19Feb2020.xlsx

L'engagement de la Chine en Afrique ne bénéficie pas d'un soutien national majoritaire, en particulier avec les préoccupations croissantes concernant la durabilité économique dans les pays où des projets d'infrastructure massifs sont mis en œuvre. Cette réaction intérieure se fait également écho dans les nations concernées. La montée des hostilités comme en Éthiopie, au Kenya, en Tanzanie, en Ouganda et en Zambie

(Nantulya, 2019) et les coûts locaux du maintien de la sécurité continuent d'avoir des impacts négatifs sur l'ICR. En 2018, de nombreux dirigeants africains ont signé le Plan d'Action Chine-Afrique qui exigeait des pays membres qu'ils garantissent la sécurité des projets nationaux, des ressortissants et des entreprises; et de donner la priorité à leur sécurité dans la coopération en matière de renseignement, militaire et policière.

La Chine maintien des activités de sécurité restreintes en Afrique par rapport à sa périphérie géographique. Selon (Sun (2014), «l'instabilité politique et les conflits au niveau de l'État, ainsi que les menaces criminelles locales à la sécurité du personnel et des biens chinois en Afrique représentent les deux défis les plus directs aux intérêts de la Chine en Afrique» (p. 23). Étant donné que l'engagement de la Chine en Afrique manque de soutien national, en particulier avec les inquiétudes croissantes concernant la durabilité économique dans les pays où des projets d'infrastructure massifs sont mis en œuvre (Dzekashu et Anyu, 2020), les mêmes sentiments commencent à se faire sentir dans les pays partenaires (Nantulya, 2019). La Chine exige actuellement des pays membres qu'ils garantissent la sécurité des projets nationaux, des ressortissants et des entreprises; et de donner la priorité à leur sécurité dans la coopération en matière de renseignement, militaire et policière dans le cadre de leur engagement dans le cadre du Plan d'Action Chine-Afrique (CAAP) de 2018.

Le monde de la sécurité nationale se concentre souvent principalement sur les grands acteurs internationaux et ignore ce que certains ont traditionnellement considéré comme des régions moins pertinentes, comme l'Afrique (Steinberg, 2021). À travers l'ICR, il semble que la Chine tente d'accroître sa puissance économique, son influence dans les pays en développement qu'elle renforce en investissant dans les infrastructures, et d'accroître sa puissance régionale et mondiale pour rivaliser avec celle des États-Unis (Steinberg, 2021). Les États-Unis doivent faire quelque chose pour contrer la montée de la Chine et accroître leur propre influence en Afrique grâce à une réponse politique coordonnée et cohérente qui aborde les différentes facettes de ce problème (Steinberg, 2021). Les États-Unis pourraient envisager de faire de l'ICR un programme conjoint entre les deux pays, car un tel effort améliorerait les économies et la vie des gens à travers le monde (Risberg, 2019). Bien qu'il puisse y avoir une résistance à cette approche de coopération en raison de l'idéologie «l'Amérique d'abord» et de la récente réduction de l'aide à de nombreux pays (Steinberg, 2021), la coopération entre la Chine et les États-Unis est la voie clé pour éviter de futurs conflits entre les deux nations. Les États-Unis devraient cibler les secteurs où leurs entreprises sont les mieux placées pour concurrencer les Chinois; Les entreprises américaines semblent être les plus susceptibles de dominer dans les secteurs des services, de la finance, de l'agro-industrie et des énergies renouvelables. En outre, les entreprises technologiques américaines, ainsi que les sociétés de capital-risque et à impact social, ont un rôle potentiel à jouer en Afrique, en particulier si elles adoptent un modèle de financement basé sur les redevances (Devermont, 2018).

COURSE À LA DOMINATION ECONOMIQUE

Les Européens semblent adopter une approche constructive vis-à-vis de la Chine, notamment parce que de nombreux pays membres ont recherché des investissements et des importations chinois après la crise financière mondiale de 2008, qui a duré plus longtemps en Europe qu'aux États-Unis. Après des années à considérer la Chine comme un pays en développement et un rival systémique, l'Europe a depuis changé de position et considère la Chine comme une puissance mondiale émergente, un concurrent économique et un partenaire stratégique (Klein, 2020b). Sous l'administration Obama, alors que les États-Unis faisaient face aux implications de la transition de la Chine d'une économie en développement (traitée comme telle depuis son entrée dans l'Organisation mondiale du commerce en 2001 à la deuxième économie mondiale), la concurrence économique américaine contre la Chine s'est intensifiée. Supériorité technologique est une dimension clé dans la course à la domination économique mondiale entre les États-Unis et la Chine, même si la concurrence entre les deux puissances va bien au-delà de l'économique (Klein, 2020a).

RENFORCEMENT DE CAPACITÉS ET CAPITAL HUMAIN

Bien que la présence de la Chine en Afrique continue d'être considérée avec scepticisme, l'ICR a créé des liens économiques, politiques et sécuritaires perçus par les cyniques principalement comme axés sur le profit plutôt que sur une base idéologique (Dzekashu et Anyu, 2020). Faire venir des ressortissants chinois comme main-d'œuvre faisait partie intégrante des engagements au début de la coopération économique sino-africaine. En conséquence, l'approche chinoise du développement et de la mise en œuvre des infrastructures et des projets a consisté à fournir un soutien en main-d'œuvre pour les programmes à tous les niveaux — travailleurs temporaires (personnel médical pour servir dans les hôpitaux et les cliniques) et agrotechniciens pour travailler sur des projets agricoles — création de fermes et stations agricoles et de formation (Anyu et Dzekashu, 2019). Cette approche semble clairement saper la main-d'œuvre locale, provoquant un tollé. Dernièrement, la Chine semble changer son approche et engager davantage de locaux en lançant des plans de coopération, en proposant aux pays partenaires des programmes d'échange de connaissances et de développement technique au niveau universitaire. Selon les données fournies par Johns Hopkins University SAIS China Africa Research Initiative, (2020b), après avoir atteint un pic en 2015 d'environ 263 659 travailleurs chinois, ce nombre est tombé à 201 057 en 2018 pour donner suite au tollé international suscité par les pratiques de travail de la Chine en Afrique (voir Graphique 9). Les 5 premiers pays avec des travailleurs chinois sont l'Algérie, l'Angola, le Nigéria, le Kenya et l'Éthiopie. Ces cinq pays représentaient 58 % de tous les travailleurs chinois en Afrique à la fin de 2018, l'Algérie représentant à elle seule 30 %. La tendance générale est qu'au fil du temps, la Chine a réduit le nombre de ses ressortissants utilisés pour l'exécution des projets d'infrastructure dans leurs pays membres.

L'ICR a créé un lien économique, politique et sécuritaire entre l'Afrique et la Chine, et la présence de cette dernière en Afrique continue d'être considérée avec méfiance; perçu principalement comme axé sur le profit plutôt que sur une base idéologique. Au début des engagements en Afrique, la Chine a fourni de la main-d'œuvre à tous les niveaux pour les programmes de soutien amenant leurs ressortissants comme travailleurs temporaires — du personnel médical pour servir dans les hôpitaux et les cliniques; agrotechniciens pour travailler sur des projets agricoles, y compris la création de fermes et de stations agricoles et de formation (Anyu et Dzekashu, 2019). Cette approche consistant à ne pas tenir compte de la main-d'œuvre locale a provoqué un tollé. Cette manifestation conduirait la Chine à changer son approche et à impliquer les habitants. En 2009, par exemple, la Chine a lancé le Plan de coopération 20+20; dans lequel 20 établissements d'enseignement supérieur en Chine se sont associés à des universités africaines locales pour faciliter les échanges universitaires; un projet soutenu par l'Organisation des Nations Unies pour l'éducation, la science et la culture qui s'est jointe à l'initiative de soutien aux partenariats universitaires (Benjelloun, 2015). De nouvelles initiatives qui démontrent l'intention de la Chine de s'engager dans le renforcement des capacités peuvent être observées dans la création du forum de réflexion Chine-Afrique organisé dans le cadre du FOCAC, comme le Plan de Partenariat 10+10 (Anyu et Dzekashu, 2019).

Depuis son annonce, l'ICR a forgé des liens économiques, politiques et de sécurité entre l'Afrique et la Chine, faisant essentiellement avancer les intérêts géopolitiques de Pékin. L'UCUR soutient directement de nombreux éléments de la stratégie de sécurité nationale de la Chine. Au niveau macro, l'UCUR a cherché à remodeler l'ordre économique mondial d'une manière uniquement favorable à la volonté de Pékin d'accéder à un statut de plus grande puissance.

L'UCUR a deux composantes: premièrement, la Ceinture Economique de la Route de la Soie établit six corridors terrestres reliant l'intérieur de la Chine à l'Asie centrale et à l'Europe; y compris les chemins de fer vers l'Europe, les oléoducs et les gazoducs de la mer Caspienne à la Chine, et un réseau de trains à grande vitesse reliant l'Asie du Sud-Est à la côte orientale de la Chine; et deuxièmement, la Route Maritime de la Soie qui établit trois passages économiques bleus reliés par une chaîne de ports maritimes de la mer de Chine méridionale à l'Afrique, dirigeant également le commerce vers et depuis la Chine.

Selon l'Organisation Internationale du Travail, l'Afrique a le taux de chômage le plus élevé au monde. Dans de nombreux cas, le taux de chômage élevé est le résultat d'un manque de formation plutôt que d'un manque d'emplois (Weisbrod et Whalley, 2011). Le développement du capital humain peut être réalisé grâce à des partenariats de formation et à la création d'emplois ciblés. Le partage ou le transfert des connaissances de l'expertise chinoise aux communautés africaines locales est essentiel pour transformer les partenariats de dépendance en collaboration (Dzekashu et McCollum, 2014).

Une autre stratégie de transfert de connaissances a été par le biais de plates-formes de production. Dans cette optique, le groupe Huajian, une société chinoise, a établi une usine de fabrication de chaussures en Éthiopie où il a embauché 3 500 Éthiopiens; ainsi, délocalisant des milliers d'emplois en Afrique (Hamlin, Gridneff, et Davidson, 2014). Considérant les défis associés à «encourager... le partage des connaissances, qui n'est pas une tâche particulièrement facile en raison de la prévalence du *paradigme de la connaissance comme pouvoir*» (Dzekashu, 2015, p. 105), ces entreprises chinoises ont pour tâche herculéenne de partager des secrets d'affaires comme moyen de construire et de maintenir une coopération bilatérale.

La montée en puissance de la Chine remet peut-être en cause les priorités et les plans de l'Occident, tout en sapant la sincérité de leurs conseils (Humphrey et Dirk, 2016). L'impact de l'influence des entreprises chinoises en Afrique se fait sentir dans les structures de pouvoir et de gouvernance des institutions de Bretton Woods, qui visent à reconstruire l'économie brisée d'après-guerre et à promouvoir la coopération économique internationale. Ces institutions constituent les philosophies et orientations dominantes qui façonnent actuellement les politiques et stratégies de développement; et l'évolution des normes dans les préoccupations éthiques telles que l'environnement et les droits de l'homme (Anyu et Afam, 2008).

De nombreuses activités entreprises par la Chine en Afrique ont été considérées avec suspicion ou considérées comme axées sur le profit plutôt que sur une base idéologique. Les programmes de soutien de la main-d'œuvre fournis par la Chine à l'Afrique étaient à l'origine liés à la migration des travailleurs temporaires. Les exemples incluent 15 000 à 20 000 membres du personnel médical envoyés en Afrique pour aider au développement d'hôpitaux et de cliniques; 10 000 agrotechniciens envoyés pour travailler sur environ 200 projets agricoles qui comprenaient la création de fermes et de stations de formation agricole (Park, 2009).

Une autre initiative lancée par les Chinois en 2009 était le Plan de Coopération 20+20; dans lequel 20 établissements d'enseignement supérieur en Chine et en Afrique se sont associés dans le but de faciliter les échanges universitaires. L'Organisation des Nations Unies pour l'éducation, la science et la culture s'est jointe à cette initiative visant à faciliter les partenariats universitaires (Benjelloun, 2015). Une autre initiative qui démontre la *bonne volonté* de la Chine à s'engager dans le renforcement des capacités est la création du forum China-Africa Think Tank. Ces groupes de réflexion sino-africains organisés dans le cadre du FOCAC, tels que le plan de partenariat 10 + 10, ont été mis en œuvre en sélectionnant 10 groupes de réflexion chacun de Chine et d'Afrique.

RESPONSABILITÉ SOCIALE DES ENTREPRISES

Depuis que le gouvernement chinois a adopté une politique de «sortie» à la fin des années 1990 pour promouvoir les investissements à l'étranger, la Chine a rencontré divers problèmes et conflits de travail dans ses opérations à l'étranger. La décision de la Chine de continuer à envoyer ressortissants chinois à grande échelle pour des projets de construction et d'infrastructure et les violations substantielles des lois locales et des pratiques de gestion ont conduit à des conflits avec les syndicats et les travailleurs dans certains pays hôtes (Zou, 2019). Avec une plus grande surveillance des entreprises chinoises à l'étranger, en particulier de leur RSE, l'État-parti chinois a cherché à exercer une influence en ordonnant aux entreprises chinoises d'observer les principes directeurs des Nations Unies sur les Droits des Affaires et de l'Homme (DAH), expressément dans les engagements liés aux métaux, aux minéraux et aux importations et exportations de produits chimiques (Zou, 2019).

Les entreprises chinoises opérant à l'étranger sont de plus en plus conscientes des problèmes liés à la RSE et à la DAH, créant une valeur partagée avec les pays membres de l'ICR en développant des programmes de partage des connaissances par le biais de l'éducation et de la formation; et le transfert des contrats de maintenance et de support aux communautés locales (Anyu et Dzekashu, 2019). Entre autres choses, la Chine doit veiller à ce que les dispositions visant à protéger l'environnement et la

88

santé des travailleurs africains soient importantes; sinon, le manque d'engagement envers la transparence dans les accords d'investissement place l'Afrique dans un état de survie pour la plupart (Dzekashu et Anyu, 2020). La Chine a développé une architecture de gouvernance environnementale pour la «ICR verte» pour aborder le développement des infrastructures immatérielles accompagnant les infrastructures matérielles sur les routes ICR (Coenen, Bager, Meyfroidt, Newig, et Challies, 2020).

Pour que la Chine réussisse à créer des opportunités économiques mutuellement bénéfiques, il est impératif que ses entreprises multinationales relèvent les défis, les opportunités et les risques environnementaux et sociaux qui se présentent et agissent de manière responsable tout en répondant aux besoins des marchés africains. Entre autres choses, la Chine doit veiller à ce que des dispositions visant à protéger l'environnement et la santé des travailleurs africains soient prises en compte. Lier les conditions des accords d'investissement pourrait aider à freiner la corruption. Prenons l'exemple du port en eau profonde de Kribi, au Cameroun, où il était prévu que le projet générerait des activités économiques et augmenterait le trafic maritime dans la sous-région de l'Afrique centrale. Pour mener à bien ce projet, le gouvernement du Cameroun a appliqué des lois domaniales éminentes qui ont permis la reprise du village de Lolabe qui abritait quelque 300 habitants. Le plan était d'indemniser les indigènes la somme de 36 millions d'euros (42,86 millions de dollars) pour la réinstallation; cependant, seulement 22 millions d'euros (26,19 millions de dollars) ont été décaissés, tandis que le solde a été détourné par des politiciens corrompus (Schenkel, 2018). Il y a deux problèmes principaux de cet engagement; un manque d'engagement envers la responsabilité sociale et la ségrégation de l'emploi qui n'a pas profité aux habitants. Ce manque d'engagement envers la transparence dans les accords d'investissement place l'Afrique dans un état de survie pour la plupart.

Alors que de nombreuses entreprises occidentales ont déplacé certaines de leurs opérations de production et de commercialisation vers les économies émergentes où elles ont perçu les activités comme étant plus rentables et moins risquées, la Chine, pour sa part, a investi et continue d'investir en Afrique dans un contexte de liens économiques plus étroits. Pour que la Chine réussisse à créer des opportunités économiques mutuellement bénéfiques, il est impératif que ses entreprises multinationales relèvent les défis, opportunités et risques environnementaux et sociaux qui se présentent. Les entreprises chinoises devront agir de manière responsable. Entre autres choses, ils doivent veiller à ce que des dispositions visant à protéger l'environnement et la santé des travailleurs africains soient prises en compte. Alors qu'il y a eu des appels de la communauté internationale; principalement par l'Occident, pour les pratiques de responsabilité sociale des entreprises que les entreprises chinoises ont lancées en 2007, leur bilan incertain a laissé l'impression que l'influence de Pékin sur les pratiques des entreprises est limitée. Les pays africains devraient donc mettre en place les mécanismes réglementaires appropriés pour assurer la protection de l'environnement, et surtout suivre les voies de la croissance verte (Benjelloun, 2015).

En ce qui concerne les forces du marché, Cheng et Liang (2011) suggère que le gouvernement chinois a joué un rôle essentiel en encourageant les entreprises à investir en Afrique. Le processus visant à faciliter ces entreprises chinoises en Afrique passe par l'amélioration du climat d'investissement, le développement du Fonds de Développement Chine-Afrique (FDCA) et l'encouragement à créer des zones spéciales de développement économique dans les pays hôtes (Cheng et Liang, 2011). Cependant, le succès futur de ces efforts sera déterminé par l'adhésion de la communauté commerciale chinoise à ses responsabilités légales et morales.

Le gouvernement chinois a pris la position de se joindre à la société civile en faisant pression sur leurs partenaires commerciaux pour qu'ils jouent des rôles critiques et pour que ces entités intègrent la RSE dans leur stratégie commerciale. Ce développement et l'application de réglementations gouvernementales sont apparemment devenus nécessaires parce que la Chine a été secouée par de nombreux scandales, notamment des catastrophes environnementales et des aliments toxiques (Cheng et Liang, 2011). En 2009, la Bourse de Shanghai a annoncé son indice RSE; a ensuite conclu un partenariat avec China Business News en 2011 pour lancer un indice de rapports de l'investissement socialement responsable (Cheng et Liang, 2011). Cette décision a joué un rôle important dans l'adoption de la RSE dans le cadre du modèle commercial chinois en Afrique.

En termes d'initiatives universitaires, la coopération sino-africaine devrait être renforcée dans les domaines de l'éducation, de la recherche et de la gestion des entreprises pour répondre aux besoins de développement des ressources humaines en Afrique et pour aider les économies locales à se développer. Des laboratoires de recherche conjoints doivent être créés dans les pays africains pour développer les domaines nécessaires pour faire face aux défis futurs tels que la nanotechnologie et la science des matériaux, la biotechnologie pour la santé et l'agriculture, l'informatique, les sources d'énergie alternatives et les sciences sociales (Benjelloun, 2015).

L'examen de l'implication chinoise sur les marchés africains discuté ici illustre à peine les problèmes entourant leurs entreprises sur le continent. Pour rendre la relation entre la Chine et l'Afrique durable et productive (profitable aux deux parties), la Chine doit s'engager à former les Africains là où il y a des investissements chinois actifs et un manque total d'expertise africaine au niveau de la gestion ainsi que du personnel qualifié et semi-professionnel qualifiés (Benjelloun, 2015) en transférant les contrats de maintenance et d'assistance aux collectivités locales. L'incapacité à transférer véritablement la capacité intellectuelle vers les marchés africains entraînerait une dépendance continue vis-à-vis du soutien chinois pour la réhabilitation des systèmes dans le futur, par conséquent, le maintien des Africains en tant que «partenaires volontaires dans leur propre exploitation» (Anyu et Afam, 2008, p. 3).

La RSE pose des opportunités et des défis pour le développement en Afrique. Il y a des leçons à tirer des politiques de développement inefficaces des dernières décennies par les Européens en Afrique. Bien que, pour la plupart, la Chine ait rempli ses obligations en matière de responsabilité sociale en Afrique, les entreprises chinoises continuent de faire face à des défis majeurs pour obtenir des résultats, principalement en comblant le fossé entre la connaissance de la RSE et les mécanismes de mise en œuvre. L'écart est principalement dû au manque d'expérience dans l'engagement avec les communautés locales — résultant d'obstacles culturels, linguistiques et idéologiques — et à la non-participation à l'établissement de normes internationales (Cheng et Liang, 2011).

Les problèmes abordés ici ne représentent pas une liste exhaustive des enjeux de l'exploration des ressources de la Chine en Afrique. De plus, ces problèmes sont très complexes et les facteurs déclenchants sont étroitement liés. Par conséquent, il n'y a pas de moyens simples de les résoudre.

Cependant, à mesure que les principaux gisements de pétrole en Afrique arriveront à maturité, l'Afrique deviendra plus attrayante pour les investissements internationaux. La concurrence entre la Chine et l'Occident favorisera la progression du développement économique et politique de l'Afrique à long terme. La Chine et les États-Unis, en tant que deux plus grands importateurs de pétrole au monde, devraient adopter la stratégie de coopération et de concurrence dans leurs explorations pétrolières sur le continent africain. Ce faisant, les appétits de deux des plus grands consommateurs de pétrole, l'Amérique et la Chine, seront satisfaits. Par conséquent, l'économie mondiale aura un avenir meilleur.

Alors que l'Occident *crie au scandale* à propos des intentions de la Chine en Afrique, il y a une inquiétude permanente quant à la façon dont les soupçons pourraient affecter les relations américano-chinoises. En effet, les États-Unis se considèrent comme une alternative viable à la Chine, comme en témoigne la déclaration du sous-secrétaire d'État américain aux affaires africaines selon laquelle les pays africains bénéficieraient grandement d'un investissement accru des entreprises américaines et de la création de projets de développement qui crée des emplois et maintenir des normes environnementales et commerciales plus élevées. Dans ses propres mots, le secrétaire adjoint a déclaré à la commission des affaires étrangères de la Chambre des États-Unis que:

> L'une des choses qui m'a vraiment, vraiment énervé
> lors de mes voyages en Afrique, c'est que vous allez
> dans une ville africaine et qu'il y a invariablement un
> stade construit par les Chinois... Nous devons rester
> une alternative positive et faire comprendre que
> s'engager avec les États-Unis signifiera une plus

grande prospérité et sécurité pour l'Afrique... Notre
potentiel en Afrique est illimité ... L'Afrique fait face
à un tsunami démographique (the Associated Press,
2019, p. 1).

La concurrence pour les ressources africaines entre la Chine et
l'Occident, principalement les États-Unis, pourrait, si elle n'était pas
remplacée par une coopération saine, entraîner de futurs conflits (Anyu et
Afam, 2008. La question brûlante à laquelle l'Afrique veut répondre est la
suivante: quel développement tangible les membres de l'UE et des États-
Unis ont-ils accompli en Afrique depuis les années 1960, lorsque de
nombreux pays africains ont accédé à l'indépendance?

L'UE et la Chine peuvent s'associer pour améliorer la capacité des
investisseurs chinois en Afrique sur la question de la RSE, en particulier
dans la formation des cadres supérieurs à la mise en œuvre, l'évaluation et
la création de partenariats collaboratifs pour la RSE. De leur côté, les États-
Unis ont promulgué l'AGOA en 2000 pour encourager l'exportation de
textiles et d'autres produits africains vers les États-Unis. Malheureusement,
seuls quelques pays africains ont bénéficié de cette loi avant son expiration
en 2005.

En séparant les affaires de la politique, la Chine a très bien réussi à
obtenir des contrats d'approvisionnement en pétrole et en gaz à long terme
et des droits d'exploration en Afrique. Cette «politique sans conditions» a
encouragé de nombreux gouvernements africains à tendre la main à la
Chine. La Chine était considérée comme un partenaire réciproque avec des
accords qui profitent aux deux parties de chaque transaction. Sur la base
de cette stratégie de base, lancée sous Zhou Enlai au début des années
1960, la Chine a signé plusieurs accords favorables avec de nombreux pays
africains pour exporter du pétrole vers la Chine. Son implication en
Afrique a augmenté rapidement au cours des années 1990 et 2000 sous le
Premier ministre Hu Jintao, et aujourd'hui, sous le président Xi Jinping,
l'investissement de la Chine en Afrique est significativement présent dans
plusieurs économies africaines. Ses investissements et ses échanges dans
les secteurs de l'énergie et des minéraux ont contribué à améliorer et à
relancer les économies de plusieurs pays africains faibles. Par exemple, le
Soudan est devenu le premier fournisseur de pétrole de la Chine malgré

ses conflits internes. L'Angola est un deuxième fournisseur majeur et le Nigeria est à la troisième place. En 2009, la Chine importait plus de 30 % de son pétrole d'Afrique et était devenue le plus grand partenaire d'investissement du continent.

La part démesurée de la Chine dans les importations de pétrole africain a été obtenue en grande partie grâce à la politique de non-intervention de la Chine, ainsi qu'à ses conditions d'annulation de la dette et de crédits préférentiels. Pour formaliser ces initiatives, la Chine a créé en 2000 le Forum sur la coopération sino-africaine (FOCAC) avec des réunions régulières depuis lors, y compris le prochain Forum, prévu en novembre 2021 à Dakar, au Sénégal. Le Forum continue de servir de dispositif formel efficace pour encourager des accords supplémentaires. Ses réunions ont également ouvert la voie à des formes de coopération plus globales, notamment en mettant l'accent sur les infrastructures.

Il y a eu des tensions récentes dans les relations entre l'Afrique et la Chine, en particulier en raison de l'augmentation du fardeau de la dette, des problèmes de transparence et du manque d'opportunités pour la main-d'œuvre africaine. Cependant, la profondeur et la portée des activités actuelles entre ces pays suggèrent qu'une coopération importante prévaudra probablement dans les années à venir.

Bien que de nombreuses nations africaines aient obtenu leur indépendance politique à la fin des années 1950 jusqu'aux années 1960; beaucoup d'entre eux pensaient que leurs anciens maîtres coloniaux seraient leurs partenaires de développement et que les premiers aideraient ces pays africains à atteindre un développement durable. Malheureusement, cela ne s'est pas produit et l'Afrique a largement pris du retard en matière d'infrastructures. Alors que l'Occident crie au scandale sur les politiques étrangères et économiques chinoises en Afrique, beaucoup de ces Africains ne le voient pas de cette façon. Beaucoup ont bénéficié de projets d'infrastructures en provenance de Chine, ont tendance à considérer la Chine comme un partenaire viable, principalement parce que cette dernière n'impose pas de conditionnalités de financement. Le manque de responsabilité politique a conduit à un intérêt supplémentaire des nations africaines corrompues pour continuer à rechercher un partenariat avec la Chine, qui est considérée comme le plus grand créancier bilatéral de l'Afrique. Les gouvernements africains doivent environ 150 milliards de dollars aux entreprises publiques chinoises.

La pandémie de COVID-19 entrave la capacité des pays partenaires de l'ICR à rembourser leur dette, ce qui fait craindre que ces nations soient soit entraînées dans une diplomatie du piège de la dette avec la Chine, soit d'un côté plus doux, les prêteurs chinois pourraient jouer un jeu plus long (Furness, 2020)? Le G20 a accepté de suspendre le paiement de la dette des pays à faible revenu en raison de la pandémie et il y a eu des appels pour que la Chine fasse de même ou annule également les prêts aux pays africains. Dans le contexte de l'ICR, un modèle de santé pour protéger la sécurité et le bien-être, un modèle de reprise pour restaurer les activités économiques et sociales et un modèle de croissance pour libérer le potentiel de développement ne peuvent être atteints que par l'unité et la solidarité (Tianyuan, 2020).

La question de savoir si les engagements de la Chine en matière d'ICR en Afrique favorisent ou entravent le développement semble être une préoccupation plus modérée face aux inquiétudes concernant un éventuel conflit futur entre la Chine et les États-Unis. La croissance de la Chine en une puissance économique majeure en un peu moins de quatre décennies a été perçue comme spectaculaire, même si elle a suscité de vives inquiétudes chez de nombreux décideurs américains (Morison, 2019). Beaucoup, dont Danilova et Anna (2018), affirment que les États-Unis souhaitent voir une augmentation des investissements et du commerce en Afrique dans le cadre d'une nouvelle stratégie visant à contrer la croissance chinoise sur le continent. Mais de nombreux critiques sont sceptiques quant à ce regain d'intérêt des États-Unis pour l'Afrique car il a fallu beaucoup de temps à l'administration Biden pour annoncer l'initiative; suite notamment aux propos désobligeants tenus par l'ancien président Donald Trump à propos du continent. La stratégie d'investissement de la Chine a généralement consisté à injecter de l'argent dans les pays en développement. Cette approche semble avoir rencontré un obstacle en République du Congo où elle a demandé un renflouement au FMI(Agence France-Presse, 2019). Si elle est mise en œuvre avec diligence, l'ICR peut être un succès du point de vue de l'achèvement du réseau de routes commerciales reliant l'Afrique, l'Asie et l'Europe.

Plutôt que de continuer à fustiger la Chine pour son approche à elle seule du crédit et du développement des infrastructures dans le cadre de son ICR, l'Occident doit faire appel au sens de la citoyenneté mondiale de la Chine afin que ses pratiques d'investissement s'alignent sur la rhétorique du développement. Cette approche la protégera également en cas de défaut où le pouvoir de l'action collective peut protéger ses intérêts (Hurley, et al., 2018). Les nations africaines voient en la Chine, un partenaire réciproque dont l'approche est très différente de l'Occident, où les conditions de crédit sont liées à des critères éthiques. Malgré le tollé de l'Occident face à l'approche opaque de la Chine en matière d'IDE, il est peu probable que l'ICR réduise son expansion en Afrique, et qu'il n'y ait pas non plus de problèmes importants de viabilité de la dette. Cependant, les cas où des problèmes de durabilité ont été identifiés ont été plutôt graves, ce qui suggère que l'initiative ne peut pas complètement éviter les problèmes d'endettement parmi les nations participantes.

Pour que les pays africains tirent parti du potentiel de l'ICR à leur avantage, l'UA pourrait approuver les engagements en créant un plan directeur pour les principaux projets transnationaux et régionaux à exécuter avec la Chine comme partenaire principal (Dahir, 2019). Ce qui est plus important, c'est que les acteurs économiques mondiaux établissent une distinction claire entre les engagements ICR nuisibles et essentiels, car il est crucial de favoriser le développement, de créer un terrain d'entente avec la Chine et d'élargir le marché mondial (Risberg, 2019). Réaligner ses pratiques de prêt sur le modèle du FMI peut être un bon moyen de gérer l'endettement des pays africains dans le cadre de l'ICR tout en réduisant les tensions entre la Chine et l'Occident.

L'ICR dans les pays membres semble généralement avoir des avantages économiques, comme en témoigne l'augmentation du PIB annuel due aux stocks d'IDE entrants (Dahman-Saïdi, 2013b) à travers le continent. La Chine utilise des instruments non coercitifs, notamment le commerce, l'investissement et la finance dans ses relations avec les pays africains. Cette approche a encouragé la concurrence entre partenaires, tels que l'UE et la Russie. La position géographique de l'Afrique du Nord la rend attrayante en raison de sa proximité avec les marchés asiatiques, européens et africains subsahariens, de ses multiples zones industrielles et de ses investissements de premier ordre dans le développement des infrastructures (Ghafar et Jacob, 2019). En 2022, la Chine est le plus grand partenaire commercial de l'Afrique où son commerce a été multiplié par 40 au cours des deux dernières décennies sur un marché où elle peut déverser ses marchandises. Quelque 10 000 entreprises chinoises opèrent en Afrique. Pékin vend sa culture comme dans le cas de la Guinée Bissau où les panneaux de sortie sont écrits en mandarin, tandis que de nombreux pays du continent commencent à utiliser la monnaie chinoise pour le commerce local. La population de l'Afrique devrait plus que doubler d'ici 2050 pour atteindre environ 2,2 milliards de personnes, dont plus de 60 % ont moins de 25 ans. Leur course est de conquérir à la fois le marché actuel et l'avenir.

Les obstacles à la sécurité et à la coopération diplomatique entre la Chine et l'Afrique du Nord sont liés aux priorités économiques de la Chine. Bien que la Chine ait fait des percées considérables en Afrique du Nord avec l'ICR, ses liens politiques avec la région sont néanmoins peu profonds, principalement en raison des instabilités politiques en Algérie, en Libye et en Tunisie. Le Maroc est le participant ICR le plus ouvert et le plus prêt de la région. Les scandales liés à la corruption ont nui à la position des entreprises chinoises en Algérie où il existe un manque général de transparence autour des engagements de construction (Ghafar et Jacob, 2019).

L'implication la plus importante de l'ICR a été la préoccupation concernant un éventuel conflit entre la Chine et les États-Unis. La course à la domination économique a conduit à des questions ouvertes sur la quête de la Chine même pour une domination politique et militaire. L'Europe pour sa part ne considère pas la montée de la Chine comme une grande puissance économique comme un enjeu crucial, elle reconnaît cependant que celle-ci est un système dictatorial. Sur une période de 20 ans de relations sino-américaines, les États-Unis ont exprimé leur déception que les interactions entre les deux puissances n'aient pas conduit à plus de libertés économiques et politiques. L'approche économique et sécuritaire des États-Unis envers la Chine a été plutôt conflictuelle, comme s'engager dans une guerre commerciale avec Pékin. Les trois domaines de concurrence entre la Chine et les États-Unis sont la technologie 5G, l'intelligence artificielle et les semi-conducteurs, et les services Web. Si Pékin remporte les États-Unis et l'Europe dans une course pour gouverner la technologie numérique, alors, toute tentative de combler le fossé sera futile. Cette fracture ne peut être accomplie que par une alliance et une réponse coordonnée de l'Europe et des États-Unis, même si tous les secteurs ne sont pas inclus, les dimensions technologiques devraient être incontournables. Ce qui est évident, c'est que les États-Unis voient l'Afrique comme le nouveau front à affronter la Chine; Washington se bat pour être la puissance dominante en Afrique. Elle veut s'assurer une influence dominante en Afrique. Le potentiel de conflit de la Chine n'est pas seulement avec les États-Unis, mais dans une moindre mesure avec l'Inde au sujet de la construction proposée par les Chinois d'une base navale temporaire au Pakistan.

Il est prévu que l'ICR devrait continuer à croître dans la région de l'Afrique du Nord si les pays restent stables, en particulier en Algérie, en Égypte et au Maroc où les engagements diplomatiques et économiques font défaut (Ghafar et Jacob, 2019). L'Afrique du Nord est encouragée à négocier son financement avec la Chine de manière transparente, en raison des mauvais schémas des projets chinois en Amérique latine et en Asie du Sud (Ghafar et Jacob, 2019). Pour obtenir des résultats constructifs dans les relations avec la Chine, la sous-région devrait envisager une approche multilatérale plutôt que bilatérale. Cette approche pourrait assurer une coordination régionale en matière de commerce, d'investissement, de diplomatie et de coopération en matière de défense avec n'importe lequel des acteurs de premier plan, y compris la Russie, l'UE et les États-Unis. Les décideurs américains et européens doivent comprendre que les vides laissés par leur retrait d'Afrique du Nord seront comblés par des puissances montantes, dont la Chine, qui cherchent à développer davantage les relations patron-client avec les États de la région. L'Europe devrait se méfier des risques sécuritaires posés par une présence chinoise accrue dans la région et devrait travailler plus rapidement pour mettre en œuvre les accords commerciaux proposés (Ghafar et Jacob, 2019). Pékin a résisté aux pressions de Washington et de Bruxelles pour réduire les entreprises publiques contrôlées par le gouvernement et les subventions. Les États-Unis et l'Europe s'accordent sur la valeur commune du respect des droits de l'homme, un domaine dans lequel ils pensent pouvoir faire pression sur la Chine.

L'approche de la Chine dans le cadre de l'ICR a été décrite comme hostile, et ses pratiques économiques globales, son expansion militaire et ses tactiques politiques et idéologiques coercitives dans toute l'Afrique ne doivent pas être ignorées (Risberg, 2019). Avec la pandémie actuelle de COVID-19 et le ralentissement économique mondial imminent, la Chine devra recalibrer ses aspirations dans le cadre de l'ICR; ce qui signifie qu'elle sera probablement sélective et limitera les investissements sortants à court terme. Les ajustements à ses attentes et à ses objectifs n'incluront pas l'abandon de la route maritime de la soie car ses partenaires ont trop d'enjeux financiers et politiques (Calabrese, 2020). L'attitude chinoise à l'égard de son modèle économique est que le problème à court terme de la dette est compensé par la perspective de croissance à long terme (Harding, 2020) , et considère donc les critiques de l'Occident comme biaisées, même si elle répond positivement à certaines des critiques dans les domaines des pratiques de travail, de l'éthique et des droits de l'homme, et de l'engagement politique. Si l'ICR continue d'être considérée comme une facilité d'investissement, la responsabilité ultime de veiller à ce que les nations ne soient pas englouties dans une diplomatie du piège de la dette sur les nations et les régions souveraines, car selon Harding (2020) «une grande partie du succès de l'ICR dépendra de pays autres que la Chine».

Au cours de la dernière décennie (2011-2021), l'Afrique a connu une formidable transformation économique en attirant de nouveaux investissements et projets et en développant des liens économiques croissants avec des partenaires émergents; parmi eux, la Chine — dont les prêts sortants dans le cadre de l'ICR après 2016 ont chuté de manière drastique (Mingey et Kratz, 2021) — a manifesté un intérêt croissant pour l'Afrique, générant ainsi des débats considérables parmi les universitaires et les journalistes (Dahman-Saïdi, 2013a). L'ICR est une initiative de plusieurs décennies qui continuera d'améliorer la connectivité économique et la coopération entre les deux tiers de la population mondiale (McKenzie, 2017). Contrairement aux craintes reflétées dans de nombreux articles de presse et rapports, les preuves suggèrent que l'investissement chinois n'est pas seulement une recherche de ressources, mais qu'il offre également de nombreuses opportunités pour le développement de l'Afrique, en particulier pour le transfert de connaissances et le développement des infrastructures. En effet, l'investissement chinois semble contribuer positivement à la mise à niveau technologique des pays africains, tant par des investissements directs que par la présence d'entrepreneurs chinois et de travailleurs sur place qui diffuseront les connaissances et compétences tacites (Dahman-Saïdi, 2013b).

Dahir (2019) soutient que l'UA doit travailler avec les pays membres de l'ICR pour identifier un plan plus élaboré des principaux besoins en infrastructures en Afrique et approuver la mise en œuvre des projets par la Chine. Cela pourrait avoir pour effet de tirer parti du potentiel de l'ICR à l'avantage des nations africaines. L'Agenda 2063 de l'UA, un cadre pour la transformation socio-économique de l'Afrique au cours des 50 prochaines années. Il est important que les acteurs économiques mondiaux établissent des distinctions claires entre les engagements ICR nuisibles et essentiels, ce qui est crucial pour favoriser le développement, créer des bases communes et élargir les marchés mondiaux (Risberg, 2019). La recherche du soutien de conseillers qualifiés et de partenaires locaux contribuera à réduire les complexités croissantes à mesure que l'initiative s'élargit en fournissant à un entrepreneur ou à un investisseur des connaissances locales approfondies (McKenzie, 2017).

Réaligner ses pratiques de prêt sur le modèle du FMI pourrait être un bon moyen de gérer l'endettement des pays africains dans le cadre de l'ICR, tout en réduisant les tensions entre la Chine et l'Occident (Dzekashu et Anyu, 2020). Par conséquent, plutôt que de continuer à fustiger la Chine pour son approche à elle seule du crédit et du développement des infrastructures dans le cadre de son modèle ICR, l'Occident devrait envisager de faire appel au sens de la citoyenneté mondiale de la Chine afin que les approches d'investissement s'alignent sur la rhétorique du développement. Cette approche la protégera également en cas de défaut de paiement, où le pouvoir de l'action collective peut protéger ses intérêts. Lorsque des problèmes de durabilité ont été identifiés, ils ont été graves; suggérant que l'initiative ne peut pas complètement éviter les problèmes d'endettement parmi les nations participantes. Les États-Unis doivent rechercher des moyens de faire progresser les intérêts américains en Afrique en tant que stratégie pour contrer l'influence chinoise (Steinberg, 2021) sur le continent afin de créer un équilibre sur le continent; évitant ainsi de futurs conflits entre les deux géants économiques.

Bien que l'ICR ait été un projet axé sur les prêts, en 2020, il y avait d'autres formes d'interactions croissantes et vitales», y compris les investissements de création (Mingey et Kratz, 2021). Malgré la baisse des prêts à l'étranger et le modèle politique-prêt-infrastructure mis en œuvre aujourd'hui dans le cadre de l'ICR, la Chine est susceptible de modifier son approche pour s'aligner sur les aspects attrayants des institutions de Bretton Wood. À l'heure actuelle, les avantages bilatéraux seront plus attrayants et recevront moins de réactions médiatiques et universitaires. Ce qui est évident maintenant, c'est que la plupart des engagements étouffent certains pays partenaires, comme en témoignent les implications de la dette.

RÉFÉRENCES

Adam, M. A. (2019). United States power Africa initiative, the EU, and China-Investment or politics? *Africa Center for Energy Policy*, p. 5-6. 19 janvier 2020 de https://acep.africa/file/2019/11/UNITED-STATESPOWER-AFRICAINITI ATIVE.pdf.

Alexander's Gas & Oil (2006). China joins scramble for Africa's untapped oil riches. *Alexander's Gas & Oil Connections 11*, no. 1. 14 janvier 2006 de http://www.gasandoil.com/goc/news/n ta60213.htm.

Anyu, J. N. & Afam, J.-P. I., (2008). China's ventures in Africa: Patterns, prospects, and implications for Africa's development. *Mediterranean Quarterly 19*(4), 91-110.

Anyu, J. N. & Dzekashu, W.G. (2019). China's enterprise in Africa: Market entry strategies, implications for capacity building, and corporate social responsibility. *Journal of Economics and Political economy, 6*(2), 172-180. DOI: http://dx. doi.org/10.1453/jepe.v6i2. 1898.

Agence France-Presse, (2019). China's vast investment in Africa hits a snag in Congo. *South China Morning Post.* 22 août 2020 de https://www.scmp.com/news/china/diplomacy/article/3007998/chinas-vast-investment-africa-hits-snagcongo.

Anoba, I. (2018). China is taking over Zambia's national assets, but the nightmare is just getting started for Africa. *African Liberty.* 13 novembre 2020 de https://www.africanliberty.org/2018/09/10/china-is-takeoversbianational-assets-but-thenightmare-is-just-starting-for-africa/.

Ayodele, T. & Sotola, O. (2014). "China in Africa: An Evaluation of Chinese Investment," Initiative for Public Policy Analysis, IPPA *Working Paper Series*, pp. 2-4.

Badu, S. (2019). Where we are doing the project. *Eni.com.* 18 juillet 2021 de https://www.eni.com/en-IT/operations/ghana-octp.html.

Bajpaee, C. (2005). Power and interest report in Global Policy Forum, "Sino-U.S. energy competition in Africa."

Barber, L. (2020). China's response to Sudan's political transition. *Special Report.* 4 decembre 2020 de https://www.usip.org/sites/default/files/202005/20200508sr_466chinas_response_tosudans_political_transition-r.pdf.

Bella, S. & Oguntuase, O. (2018). Nigeria-China currency swap agreement – A good deal for Nigeria? *Banwo and Ighodalo Law Firm.* 18 decembre 2019 de https://www.mondaq.com/nigeria/commodities derivativesstock-exchanges/756322/NigeriaChina-currency-swap-agreement--a-good-deal-forNigeria.

Belt & Road News, (2019a). China just quietly wrote off a chunk of Cameroon's debt: Why the secrecy? *Belt and Road News.* 30 juillet 2020 de https://www.beltandroad.news/2019/02/06/china-just-quietly-wrote-off-a-chunk-of-cameroons-debt/.

Belt & Road News, (2019b). Ghana eyes Belt & Road Initiative: Official for boosting major infrastructure development. *Belt and Road News.* 18 juillet 2020 de https://www.beltandroad.news/2019/05/08/ghana-eyes-belt-road-initiative-official/.

Benjelloun, W. (2015). China-Africa co-operation: Capacity building and social responsibility of investments. *African Perspectives.* 12 mai 2019 de https://media.africaportal.org/documents/saia_spi_24_benjelloun_20150917.pdf.

Brooks, P. & Shin, J. H. (2005). Mark Christopher, appetite for oil: Ravenous and dangerous. *Houston Chronicle.*

Brooks, P. & Shin, J. H. (2006). China's influence in Africa: Implications for the United States. *The Heritage Foundation Backgrounder, No.*

1916. 2 novembre 2019 de http://www.heritage.org./Research/AsianandPacific/bg1916,cfm.

Bräutigam, D., (2010). China, Africa and the International Aid Architecture, African Development Bank Group, *Working Papers Series*, 107.

Calabrese, J. (2020). China's Maritime Silk Road and the Middle East: Tacking against the wind. *Middle East Institute*. 29 novembre 2020 de ttps://www.mei.edu/publications/chinas-maritime-silk-road-and-middle-east-tackingagainst-wind.

Chen, Y. & Landry, D. G. (2016). Capturing the rains: A comparative study of Chinese involvement in Cameroon's hydropower sector. *Working Paper No. 2016/5*.

Cheng, S., Fang, T., & Lien, H.-T. (2012). China's International Aid Policy and its implications for global governance. *RCCPB Working Paper, No.29*. DOI:10.213 9/SSRN.2169863.

Cheng, S. & Liang, G. (2011). Social responsibility of Chinese investment in Africa: What does it mean for EU-China cooperation on development policy towards Africa? 13 novembre 2021 de https://papers.ssrn.com/sol3/papers.cfm?Abstract _id=2200963.

China Times, (2011). Clinton warns against "new colonialism" in Africa. Reuters. 22 novembre 2020 de https://www.reuters.com/article/us-clinton-africa/clinton-warns-against-new-colonialism-in-africaidU STRE75A0 RI20110611.

Chinese Academy of Social Sciences, (s.d.). Understanding China's energy policy. Research Centre for Sustainable Development. 13 janvier 2007 de http://www.hm-treasury.gov.uk/media/5FB/FE/Climate Change_CASS _final_report.pdf.

Coenen, J., Bager, S. Meyfroidt, P., Newig, J., & Challies, E. (2020). Environmental governance of China's Belt and Road Initiative.

Environmental Policy and Governance, 1-15. DOI:10.1002/eet.190 1.

Colombant, N. (2004). China's new African oil ties create concerns. *Energy Bulletin*. 7 decembre 2006 de http://energybulletin.net/ 2340.html.

Cook, M. (2019). This country recently became Africa's largest economy. Now it's too big for businesses to ignore. Brink. 4 octobre 2020 de https://www.brinknews. com/this-country-recently-became-africas-largest-economy-now-its-too-big-for-businesses-toignore/#:~:text= Nigeria%20as%20overtaken%20South%20Africa,or%20Egypt% 2 0(102%20million).

Dahman-Saïdi, M. (2013a). Is the union of the Chinese dragon with the African lion nothing but a chimera? Part 1: Chinese Investment in Africa: What Characteristics? *BSI Economics*. 28 septembre 2020 de http://www.bsi-econo mics.org/images/articles/a4.pdf.

Dahman-Saïdi, M. (2013b). Is the union of the Chinese dragon with the African lion nothing but a chimera? Part 2: What Opportunities for African Development? *BSI Economics*. http://www.bsi-economics.org/images/articles/a5.pdf.

Dahir, A. L. (2019). These are the African countries not signed to China's Belt and Road project. *Quartz Africa*. 12 juillet 12 2020 de https://qz.com/Africa/ 1718826/the-african-countries-not-signed-to-chinas-belt-and-road -plan/.

Danilova, M. & Anna, C., (2018). U.S. seeks to counter growing Chinese influence in Africa. *Associated Press*. 12 août 2020 de https://www.bu sinessinsider.com/ap-us-seeks-tocounter-growing-chinese-influence-in-africa2 018-12.

Davis, A. (2016). China is building and funding Africa's rail transport infrastructure. Highways Today. 29 novembre 2020 de https://highways.today/2016/12/18/ china-building-funding-africas-rail-transport-infrastructure/.

Deng, Y. (2019). The sustainability challenge of China's BRI. *East Asia Forum*. 1 août 2020 de https://www.eastasiaforum.org/2019/12 /13/ thesustainability-challenge-of-chinas-bri/.

Devermont, J. (2018). Real threats and misplaced fears at the seventh Forum for China-Africa Cooperation. *Center for Strategic & International Studies*. 3 juin 2020 de https://www.csis.org/anal ysis/real-threats-and-misplaced-fears-seventhforumchina-africa-co operation.

Dollar, D. (2019). Understanding China's Belt and Road infrastructure projects in Africa. *Brookings*. 13 novembre 2020 de https://www. brookings.edu/wpcontent/uploads/2019/09/FP_20190930_china_br i_dollar.pdf.

Dzekashu, W. G. & Anyu, J. N. (2020). China's Belt and Road Initiative: Will it make or mar development in the Central and West Africa Subregions? *Journal of Public Administration and Governance, 10*(4), 19-36.doi:10.5296/jpag.v10i4.17876.

Dzekashu, W. G. & McCollum, W. R., (2014). A quality approach to tacit knowledge capture: Effective practice to achieving operational excellence. International *Journal of Applied Management and Technology, 13*(1), 52-63.

Dzekashu, W. G., (2015). Tacit knowledge capture: A quality management imperative for attainment of operational excellence. *Xlibris, Bloomington, IN.*

El-Khawas, M. A., (s.d.). China's link to the developing world: In pursuit of energy security. *Journal of South Asian and Middle Eastern Studies, 32*(2), p. 60.

Edoho, F. M., (2011). Globalization and marginalization of Africa. *Africa Today,58*(1), p. 104.

Focus Economics. (2020). Ghana Economic Outlook. 28 septembre 2020 de https:// www.focus-economics.com/countries/ghana.

Fouly, M. (2019). Feature: Chinese construction projects in Egypt's new capital city model for BRI-based cooperation. *Xinhua*. 29 novembre 2020 de http://www.xinhuanet.com/English/2019-03/18/c_137902 708.htm.

French, H. (2004). China in Africa with no political baggage. *New York Times*.

Furness, V. (2020). China's Belt and Road Initiative: Can Africa escape a debt trap? *Euro Money*. 31 juillet 2020 de https://www.euromoney .com/article/b11wrkkwwpxs0x/chinas-belt-and-road-initiative-can-africaescap e-a-debt-trap.

Gerstel, D. (2018). It's a (debt) trap! Managing China-IMF cooperation across the Belt and Road. *Center for Strategic & International Studies*. 30 novembre 2020 de https://csis-website-prod.s3.amazon aws.com/s3fspublic/181017_DebtTrap.Pdf?MKq76lYIBpiOgyPZ9 EyK2VUD7on_2rIV.

Ghafar, A. A. & Jacobs, A. (2019). Beijing calling: Assessing China's growing footprint in North Africa. *Brookings*. 24 novembre 2020 de https://www.brookings.edu/wpcontent/uploads/2019/09/Beijing-Ca lling-Assessing-China%E2%80%99s-GrowingFootprint-in-North-Africa_English-1.pdf.

Goodman, P. (2007). Big shift in oil policy. *Washington Post*.

Goodman (2004). China invests heavily. *Washington Post*.

Hamlin, K., Gridneff, I., & Davisdon, W., (2014). Embassy of the People's Republic of China in Morrocco: China-Africa investments meetings, une premiere au Maroc, Global Economics: Turning Ethiopia into China's China, *Bloomberg Business*. 29 novembre 2020 de http://ma.china-embassy.org.

Harding, R. (2020). China's Belt and Road initiative and its impact on the Middle east and North Africa. *International Banker*. 29 novembre 2020 de https:// internationalbanker.com/finance/chinas-belt-and-road-initiativeand-its-impact-on the- Middle East-and-North-Africa/.

Harris, M. (2017). Angolan officials break ground on 2,170-MW Caculo Cabaça hydropower plan, generation begins at 2,070-MW Lauca. *Hydro Review.* 20 novembre 2020 de https://www.hydroreview. com/2017/08/07/angolan-officials-break-ground-on-2-170-mw-cac ulo-cabaca-hydropower-plangeneration-begins-at-2-070-mw-lauca /#gref.

Hill, J. (2004). China covets African oil and trade. 7 decembre 2006 de http://www.janes.com/busi ness/news/jir/jir041012_1_n.shtml.

Humphrey, J. & Dirk, M., (2016). China and its impact on global and regional governance.

Hurley, J., Morris, S., & Portelance, G. (2018). Examining the debt implications of the Belt and Road Initiative from a policy perspective. *Journal of Infrastructure, 3*(1). DOI: http://dx.doi.org/ 10.24294/jipd.v3i1. 1123.

Huss. C. (2006). Beijing targets all crude producers, even the global pariah. *MSNBC.* 4 octobre 2019 de http://www.msnbc.com/id/1250139.

Hussein, A. A. A. & Pollock, E. (2019). Sustainable development approaches in Egypt. IOP Conference Series: *Earth Environmental Science, 297 012027.* 29 novembre 2020 de https://iopscience.iop. org/article/10.1088/17551315/297/1/ 012027/pdf.

International Monetary Fund African Department, (2017). Zambia: 2017 Article IV Consultation-Press Release; Staff Report; and Statement by the Executive Director for Zambia. *IMF Country Report No. 17/327.* 13 novembre 2020 de octobre 2017 de https://www.imf. org/en/Publications/CR/Issues/2017/10/25/Zambia-2017-Article-IV-ConsultationPress-Release-Staff-Report-and-Statement-by-the 45358.

Jalloh, A.-B. (2019). China's contentious stake in Zambia's broadcast media. DW. 19 novembre 2020 de https://www.dw.com/en/chinas-contentious-stake-in-zambia s-broadcast-media/a-49492207.

Jin, F. (2017). The belt and road initiative: Progress, problems, and prospects. *Center for Strategic & International Studies.* 3 juin 2020 de https://www.csis.org/belt-and-road-initiative-progres s-problems-and-prospects.

Johns Hopkins University SAIS China Africa Research Initiative, (2020a). Data: Chinese investment in Africa. *China Africa Research Initiative, School of Advanced International Studies, Johns Hopkins University.* 12 juin 2020 de http://www.saiscari.org/s/FDIData _19Feb2020.xlsx.

Johns Hopkins University SAIS China Africa Research Initiative, (2020b). Data: Chinese investment in Africa. *China Africa Research Initiative, School of Advanced International Studies, Johns Hopkins University.* 12 novembre 2020 de http://www.sais-cari.org/s/ LaborData_19Feb20 20.xlsx.

Johns Hopkins University SAIS China Africa Research Initiative, (2020c). Data: Chinese investment in Africa. *China Africa Research Initiative, School of Advanced International Studies, Johns Hopkins University.* 12 novembre 2020 de, from http://www.sais-cari.org/s/LoanData_17July202 0.xlsx.

Kazeem Y. (2020). Here's how COVID-19 has battered Africa's largest economy. *World Economic Forum.* 28 septembre 2020 de https://www.weforum.org/agenda/2020/08/africa-largest-economy-worst-contraction-in-a-decade/.

Klein, A. O. (2020a). The U.S. -China race and the fate of transatlantic relations. Part I: Tech, values, and competition. *Center for Strategic & International Studies.* 25 novembre 2020 de https://www.csis. org/analysis/us-china-race-and-fate-transatlantic-relations-0.

Klein, A. O. (2020b). The U.S. -China race and the fate of transatlantic relations. *Center for Strategic & International Studies.* Part II: Bridging differing geopolitical views. 25 novembre 2020 de https://www.csis.org/analysis/us-china-race-and-fate-transatlantic-relations-0.

Labuschagne, J.-P., Dedasaniya, M., Davies, M., & Essop, N. (2018). Africa construction trends: If you want to prosper, first build roads. Africa construction in focus. *Deloitte.* 31 juillet 2020 de https://www2.deloitte.com/za/en /pages/energy-and-resources/articles/africa-construction-trends-eport.html.

Lake, A., Whitman, C. T., et al. (s.d.). More than humanitarianism: A strategic U.S. approach toward Africa. *Independent task Force Report No. 56. Council on Foreign Relations,* p. 42.

Lakmeeharan, K., Manji, Q., Nyairo, R., & Poeltner, H. (2020). Solving Africa's infrastructure paradox. *McKinsey & Company.* 22 novembre 2020 de https://www.mckInsey.com/business-functions/operations/our-insights/solving-africas-infrastructure-paradox.

Lauridsen, M. (2017). Africa needs more private investment. Here's how to make it happen. *World Economic Forum.* 30 octobre 2020 de weforum.org/agenda/2017 /10/how-to-boost-investment-in-africa/

Lehman, Lee, & Xu. (s.d.). Environment laws & regulations in China. 14 janvier 2007 de http://www.lehmanlaw.com/lib/library/Lawsregulations/environment.htm.

Leitner, K. et al., (2003). Common country assessment, 67, 26 octobre 2020 de http:// www.undp.org.cn/downloads/keydocs/cca2003.pdf.

Lindsey, U. (2017). The anti-Cairo. Places. 29 novembre 2020 de https://placesjournal.org/article/the-anti-cairo/?gclid=Cj0KCQiAqo3-BRDoARIsAE5vnaIDBJtWIMuD03ZwhJ1sf1qpwL3aiSCZixZlYkT8dmgLviHeAtYLUZIaAhA9EALw_wcB&cn-reloaded=1.

Linebaugh, K. (2006). CONOCO Pays $2.2 billion for Nigerian oil gas stake. *Wall Street Journal.* 18 decembre 2019 de http://www.wsj. com/arti clesS8113680307 278841473.jtml.

Liu, X. (2006). China's energy security and its grand strategy. Policy analysis brief [journal on-line]. 15 janvier 2006 de http://www.stan leyfoundation.org.

Lu, H., Rohr, C., Hafner, M. & Knack, A. (2018). China Belt and Road Initiative: Measuring the impact of improving transport connectivity on international trade in the region – a proof-of-concept study. *Rand.* 30 novembre 2020 de https://www.rand.org/content/dam/rand/pubs/ research_reports/RR2600/RR2625/RAND_RR2625.pdf.

Luft, G. (s.d.). Fueling the dragon: China's race into the oil market, *IAGS.* 7 decembre 2006 de http://www.iags.org/china.htm.

Lyman, P. N. (2005). China Rising Role in Africa. *Council on Foreign Relations.*

Malik, K. et al., (2004). Common country assessment. (UNDP, 2005), 21. 3 octobre 2006 de http://www.undp.org.cn/downloads/keydocs/ cca2004.pdf.

Maverick, J. B. (2020). The 3 reasons why Chinese invest in Africa. *Investopedia.* 22 novembre 2020 de https://www.investopedia.com/ articles/active-trading/081315/3-reasons-why-chinese-invest-africa .asp.

McGregor, M. & Havenga, A. (2019). China's growing reach in Africa: Are we seeing a fair trade? *The Africa Report.* 20 juin 2020 de https://www.theafricareport.com/17380/chinas-growing-reach-in-africa-are-we-seeing-a-fair-rade/#:~:text=Africa's%20trade%20 with%20China%2grew,compound%20annual%20rate%20of% 2019%25.

McKenzie, B. (2017). Belt & Road: Opportunity & risk: The prospect and perils of building China's New Silk Road [*Web report*]. 1 novembre

2020 de https://www.bakermckenzie.com/-/media/files/insight/ publications/2017/10/beltroad/baker_mckenzie_belt_road_report_ 2017.pdf.

McLaughlin, A. (2005). A rising China counters US clout in Africa. 7 decembre 2006 de http://www.csmonitor.com/2005/0330/p01s01-woaf. html.

Melber, H. (2008). China in Africa: A new partner or another imperialist power? *Africa Spectrum, 43*(3), p. 394.

Mengkui, W., et al. (2005). China human development report. (*UNDP, 2006*), 2. 2 novembre 2006 de http://www.undp.org.cn/downloads/ nhdr2005/NHDR2005 _compete.pdf.

Metwally, H. A. B. (2019). BRI: Six years of success in Africa. China.org.cn. 20 juin 2020 de http://www.china.org.cn/opinion/ 2019-04/25/content_74720150.htm.

Mingey, M. & Kratz, A. (2021). China's Belt and Road: Down but not out. *Rhodium Group*. 6 janvier 2021 de https://rhg.com/research/bri-down-out/.

Mizzima, (2020). Zambia risks losing sovereignty to Beijing due to debt-trap diplomacy. China Monitor: 19 novembre 2020 de http:// mizzima.com/article/china-monitor-zambia-risks-losing-sovereign ty-beijing-due-debt-trap-diplomacy.

Monson J., (2005). Freedom Railway. *Boston Review.*

Morison, M. W. (2019). China's economic rise: History, trends, challenges, and implications for the United States. Congressional Research Services. 30 juin 2020 de https://crsreports.congress.gov/ product/pdf/R L/RL33534.

Muekalia, D. J. (s.d.). Africa and China's strategic partnership. African Security Review 13(1), 6. Retrieved on October 30, 2006, from http://www.iss.co.za/pubs /ASR/13No1/F1.pdf.

Mung, E. M., (2008). Chinese migration and China's foreign policy in Africa. *Journal of Chinese Overseas, 4*(1), 96-97.

Nantulya, P. (2019). Implications for Africa from China's One Belt One Road Strategy. *Africa Center for Strategic Studies.* 1 juillet 2020 de https://africacenter. org/spotlight/implications-for-africa-china-one-belt-one-road-strategy/.

Naidoo, T. (2018). South Africa's dilemma in the Belt and Road Initiative: Losing Africa for China? *Friedrich-Ebert-Stiftung.* 2 novembre 2020 de https://www.fes-connect.org/trending/south-africas-dilem ma-in-the-belt-and-road-initiative-losing-africa-for-china/.

Nyabiage, J. (2020). Work begins on Nigeria's China-funded US $2.8 billion gas pipeline. South China Morning Post. 20 juillet 2020 de https://www.scmp.com/news/china/diplomacy/article/3091533/wor k-begins-nigerias-china-funde d-us28-billion-gas-pipeline.

Odutola, A. (2019). How the Chinese are taking over Nigeria's economy. Nairametrics. 29 septembre 2020 de https://nairametrics.com/ 2019/11/28/how-the-chinese-are-taking-overnigerias-economy/.

Ohio University 2001; Becker 2004; Chen 2003; AFP 2005; Tull 2005, fn. 98; Sudan Tribune 2005; Xinhuanet 2007; *Daily News* (Gaborone) 2006; AFP 2006d; PD2002; DTe 2005; Weidlich 2006; Namibian 2006a; IRIN 2006b; Cure 2006; Ren2007; DPA 2007; XH 2007b; Tian 2007; Hoffmann 2007; CCS 2006:19; Guineenews 2007; Grccn 2008, AFP 2008; Horta 2008; XH 2008; information from PRC embassies in Mozambique, Liberia, Ethiopia, 2006; Li 1999; Communications with Chinese living in Benin, Botswana, Burkina Faso, Cape Verde, D.R. Congo, Egypt, Ghana, Kenya, Libya, Malawi, Mali, Senegal, Tanzania, Togo, Uganda and Zambia, 2005-2008; Alden 2007; Legeay-Gillon 2008.

Orlander, E. (2019). China and Ghana agree to a small debt write-off and a big bauxite deal. *The China Africa Project.* 29 septembre 2020 de https://chinaafricaproject. com /about-cap/.

Pan, E. (2006). China, Africa, and oil. Council on Foreign Relations. 7 decembre 2006 de http://www.cfr.org/publication/9557/.

Park, Y.J. (2009). Chinese Migration in Africa. China in Africa Project Occasional Paper, No 24. 31 juin 2020 de https://www.research gate.net/publication/330533726_Chinese_Migration_in_Africa_ Occasional_Paper_No_24.

Radford, J. (2018). Nigeria awards $7 bln rail project to Chinese state rail firm-Xinhua. 2 août 2020 de https://fr.reuters.com/article/china-niger ia-idUSL5N1SN00N.

Reuters News, (2007). Iraq asks China to review oil drilling techniques.

Reuters, (2006). China says unfair to criticize its Africa oil plans. 7 decembre 2006 de http://www.sudan.net/news/posted/13406.html.

Risberg, P. (2019). The give-and-take of BRI in Africa. *Center for Strategic & International Studies.* 27 juillet 2020 de https://csis-prod.s3.amazonaws.com /s3fspublic/NewPerspectives_APRIL2019 _Risberg.pdf.

Roessler, P. (2013). Chinese development finance and strategies of political (and territorial) survival in Sudan. *Aid Data.* 29 novembre 2020 de https://www. aiddata.org/blog/chinese-development-finance-and-strategiesofpoliticaland-territorial-survival-in-sudan.

Sautman B., (2006). Friends and Interests: China's Distinctive Links with Africa. Center on China's Transnational Relations, *Working Paper No. 12, Hong Kong University of Science and Technology, Hong Kong,* 21–22.

Schenkel, J. (2018). China-backed Kribi port project in Cameroon leaves locals frustrated. *DW.* 10 août 2020 de https://www.dw.com/en/ china-backed-kribi-port-project-in-cameroon-leaves-locals-frustrat ed/a-42016788.

Servant, J. C. (2005). China's trade safari in Africa. *Le Monde Diplomatic*. 14 octobre 2019 de http://monediplo.com/2005/05/11chinafrica.

Shepherd, L. (2019). China invests heavily in global infrastructure projects. *SHRM*. 30 novembre 2020 de https://www.shrm.org/ resourcesandtools/legal-and-compliance/employment-law/pages/gl obal-china-belt-and-road-initiative.aspx.

Shinn, D. H., (2018). China's economic impact on Africa. *International Political Economy, World Politics*. DOI:10.1093/acrefore/9780190 228637.013.831.

Smith, E. (2020). Zambia's spiraling debt offers glimpse into the future of Chinese loan financing in Africa. *CNBC*. 17 novembre 2020 de https://www.cnbc.com/2020/01/14/zambias-spiraling-debt-and-the-future-of-chinese-loan-financing-in-africa.html.

Snyder, H. (2019). Literature review as a research methodology: An overview and guidelines. *Journal of Business Research, 104*, 333-339. doi.org/10.1016/j.jbusres.2019.07.039.

Soto, A. & Hill, M. (2020). Africa starts to have second thoughts about that Chinese money. Bloomberg Business Week. 21 decembre 2020 de https://www. bloomberg.com/news/articles/2020-07-22/chinese-credit-fuels-debt-crisis-in-africa.

Sun, Y. (2016). Political party training: China's ideological push in Africa. *Africa in Focus*. 15 août 2020 de https://www.brookings.edu/ blog/africa-in-focus/2016/07/05/political-party-training-chinas-ide ological-push-in-africa/.

Sun, Y. (2014). Africa in China's foreign policy. *Brookings*. 14 novembre 2020 de https://www.brookings.edu/wp-content/uploads/2016/06/ africa-in-china-web_c mg7.pdf.

Steinberg, J. (2021). Countering Chinese influence in Africa. Harvard Model Congress, Boston. 14 novembre 2020 de https://static1.

squarespace.com/static/5cb7e5637d0c9145fa68863e/t/5f7a64eec8f18a2d034829e6/1601856752444/Steinbeg+-+ NSC+FINAL.pdf.

Swaine, M.D. (2015). Chinese views and commentary on the "One Belt, One Road" Initiative. *China Leadership Monitor, No. 47*. 22 juin 2020 de https://www.hoover.org/research/Chinese-viewsand-commentary-one-belt-one-road.

Tanchum, M. (2020). China's challenge in Morocco's Africa-to-Europe commercial corridor. East Asia Forum. 24 novembre 2020 de https://www.eastasiaforum.org/2020/08/01/chinas-challenge-in-moroccos-africa-to-europe-commercial-corridor/#:~:text=Focusing%20on%20the%20transportation%2C%20energy,Sale%2C%20th%20longest%20in%20Africa.

The Associated Press, (2018). U.S. seeks to counter growing Chinese influence in Africa. *The Asahi Shimbun.*

The China Times, (2011). Clinton warns Africa against "China's Neocolonialism." 1 novembre 2020 de http://www.thechinatimes.com/online/2011/06/154.html.

Tianyuan, S. (2020). China to advance Belt and Road cooperation despite COVID-19 impact. *CGTN*. 10 août 2020 de https://news.cgtn.com/news/2020-06-18/China-to-advance-Belt-and-Road-cooperation-despite-COVID-19-impacts-RqHWEzf 1qU/index.html.

Timberg, C. (2006). In Africa, China trade brings growth, unease. *Washington Post.*

Toogood, K. (2016). Understanding the emerging relationship between China and Africa: The case of Nigeria. The changing landscape of assistance to conflict affected states: Emerging and traditional donors and opportunities for collaboration. *Policy Brief No. 4.*

Toogood, K. (2007). Nine kidnapped Chinese workers safely released in Nigeria. *People's Daily*. 15 janvier 2020 de http://en.people.cn/200702/05/eng20070205_347502.html.

Trading Economics (2020). Nigeria GDP. 28 septembre 2020 de https://tradingeconomics.com/nigeria/gdp.

Van Staden, C. (2020). "China and Africa," Great Decisions, Foreign Policy Association.

Weisbrod, A. & Whalley, J., (2011). The contribution of Chinese FDI to Africa's precrisis growth surge. *NBER Working Paper No.* 17544.

Wolfe, A. (2006). The increasing importance of African oil. PINR. 7 decembre 2006 de http://www.pinr.com/report.php?ac=view_report &report_id =460.

Xinhua, (2019). Ghana eyes BRI for boosting major infrastructure development: Official. *XinhuaNet.* 31 juillet 2020 de http://www. xinhuanet.com/english/ 2019-05/07/c_138040732.htm.

Xinhua, (2018). Chinese-built Ethiopia-Djibouti railway begins commercial operations. New China. 13 octobre 2020 de http:// www.xin huanet.com/english/2018-01/01/c_136865306.htm.

Yewardsen, M. (2016). Chinese companies nab Djibouti railway project (Ethiopia). China Go Abroad Capital Ethiopia. 20 novembre 2020 de http://www.china goabroad.com/en/article/chineseompanies-nab-djibouti-railway-projectethiopia #:~:text=The%20Chinese%20 public%20enterprise%2C%20Shenzhen,cost%20of%20USD%201. 841%20billion.

Zadek, S., Xiaohong, C., Zhaoxi, L., Tao, J., Yan, Z., Yu, K., Forstater, M. & Morgan, G., (2009). Originally published "Responsible Business in Africa: Chinese Business Leaders' Perspectives on Performance and Enhancement Opportunities" by Account Ability and the Enterprise Research Institute, Development Research Centre of the State Council of P.R. China (DRC-ERI), November 2009, available at www.accountability21.net. *Corporate Social Responsibility Initiative Working Paper No. 54. Cambridge, MA: John F. Kennedy School of Government, Harvard University.*

Zhai, F. (2017). China's Belt and Road initiative: A preliminary quantitative assessment. *Journal of Asian Economics, 55*, 84-92.

Zhang, Z. (2006). Putting China's African oil hunt into perspective. 13 janvier 2007 de http://www.eastwestcenter.org/events-endetails.asp?news_ID=358.

Zou, M. (2019). Corporate social responsibility on the Belt and Road. *Australian Institute of International Affairs*. 15 novembre 2020 de https://www.internationalaffairs.org.au/Australian.outlook/corporate-social-responsibility-belt-road/.

Zweig, D. & Jianhai, B. (s.d.). China's global hunt for energy. *Foreign Affairs*, 14 janvier 2007 de http://www.foreignaffairs.org/20050901faessay84503/david-zweig-bi-jianhai/chinasglobal-hunt-forenergy.html.

ANNEXE 1: DÉFINITIONS DE TERMES

L'investissement direct étranger (IDE) est un investissement effectué par une entreprise ou un individu dans un pays dans des intérêts commerciaux situés dans un autre pays. L'IDE se produit généralement lorsqu'un investisseur établit des activités commerciales à l'étranger ou acquiert des actifs commerciaux étrangers dans une société étrangère.

Les flux d'investissement direct étranger (IDE) enregistrent la valeur des transactions transfrontalières liées à l'investissement direct au cours d'une période donnée, généralement un trimestre ou un an. Les flux financiers comprennent les transactions sur actions, le réinvestissement des bénéfices et les transactions de dette intersociétés.

Les stocks d'investissement direct étranger (IDE) mesurent le niveau total d'investissement direct à un moment donné, généralement sur une base trimestrielle, semestrielle ou annuelle. Le stock d'IDE sortant est la valeur des capitaux propres des investisseurs résidents et des prêts nets aux entreprises des économies étrangères. Le stock d'IED entrant est la valeur des capitaux propres des investisseurs étrangers et des prêts nets aux entreprises résidentes de l'économie déclarante. Les stocks d'IDE sont mesurés en USD et en pourcentage du PIB. Les IDE créent des liens stables et durables entre les économies.

Le produit intérieur brut (PIB) est la valeur monétaire de tous les biens et services finis fabriqués dans un pays au cours d'une période donnée. Le PIB fournit un instantané économique d'un pays et est utilisé pour estimer la taille d'une économie et son taux de croissance. Le PIB peut être calculé de trois manières, en utilisant les dépenses, la production ou les revenus.

Le revenu national brut (RNB) est le montant total d'argent gagné par les habitants et les entreprises d'un pays. Il est utilisé pour mesurer et suivre la richesse d'une nation d'année en année. Le nombre comprend le produit intérieur brut du pays plus les revenus qu'il reçoit de sources étrangères.

ANNEXE 2: ABREVIATIONS

BCD:	Banque chinoise de développement
BEIC:	Banque d'Import-Export de Chine
COVID-19:	Coronavirus, 2019
EXIM:	Exportation Importation
FMI:	Fonds Monétaire International
FOCSA:	Forum sur la Coopération Sino-Afrique
ICR:	Initiative Ceinture et Route
IDE:	Investissement Direct Étranger
LCLR:	La Ceinture et la Route
LCOA:	Loi sur la Croissance et les Opportunités en Afrique
ONU:	Organisation des Nations Unies
PIB:	Produit Intérieur Brut
RDC:	République Démocratique du Congo
RNB:	Revenu National Brut
RSE:	Responsabilité Sociétale des Entreprises
SGM:	Seconde Guerre Mondiale
SPEB:	Ceinture Économique de la Route de la Soie
TIBOL:	Taux Interbancaire Offert à Londres
TIC:	Technologies de l'Information et de la Communication
UA:	Union Africaine
ZIE:	Zone Industrielle de l'Est

PROF. J. NDUMBE ANYU, PH. D.

Le Professeur Anyu est titulaire d'un doctorat diplôme en sciences politiques de Howard University. Il est professeur titulaire d'administration publique et de politique publique à la School of Business and Public Administration de University of the District of Columbia, à Washington, DC.

Entre 2014 et 2015, Professeur Anyu a été membre du conseil public de plus de quatre programmes de promotion du service extérieur du Département d'État des États-Unis.

Il est l'auteur de plusieurs articles scientifiques et articles de journaux bien cités. Ses livres publiés incluent *Case Studies of Conflict in Africa* (2013); *The Foreign Corrupt Practices Act: A Catalyst for Global Corruption Reforms* (2007); and *Democracy, Diamond, and Oil: Politics in Africa Today* (2006).

Professeur Anyu est actuellement rédacteur en chef adjoint de l'International Journal of Organizational Innovation, publié par University of Indiana Press. Il a été rédacteur en chef adjoint et éditeur de critiques de livres au Mediterranean Quarterly, publié par Duke University Press.

INFORMATIONS DE CONTACT:
7015 Megan Lane
Greenbelt, MD 20770
Tel: (301) 390-4747
E-mail: n3anyu@aol.com

DR. WILLIAM G. DZEKASHU, PH.D.

Le Dr. Dzekashu est titulaire d'un doctorat diplôme en gestion appliquée et sciences de la décision (aujourd'hui gestion) de Walden University à Minneapolis, MN. Il est actuellement chef de branche (spécialiste des transactions de recapitalisation supervisées) au sein du bureau de recapitalisation du département américain du logement et du développement urbain.

Le Dr. Dzekashu a également été professeur auxiliaire de leadership commercial et organisationnel au College of Business de Argosy University à Arlington, en Virginie, siégeant dans différents comités de recherche à la fois en tant qu'expert en la matière et président.

Le Dr. Dzekashu a mené des examens par les pairs d'articles de revues pour l'International Journal of Applied Management and Technology (IJAMT) et l'International Journal of Business and Finance Management Research (IJBFMR).

Le Dr. Dzekashu est l'auteur de plusieurs articles scientifiques bien cités et évalués par des pairs. Son livre le plus récent s'intitule: *Tacit Knowledge Capture: A Quality Management Imperative for Attainment of Operational Excellence* (2015).

INFORMATIONS DE CONTACT:
718 Chimney Rock Court
Sykesville, MD 21784
Tel: (240) 687-7155
E-mail: wdzekashu@hotmail.com

126

PROF. MOHAMED A. EL-KHAWAS, PH.D.

Le Professeur Mohamed A. El-Khawas est un professeur à la retraite de University of the District of Columbia à Washington, DC. Le Dr. El-Khawas est un universitaire renommé, qui a publié de nombreux articles sur l'Afrique aux États-Unis et à l'étranger. Il a plus d'une centaine de publications, dont six livres. Il siège au comité de rédaction de Advanced Management Journal et de 21st Century Afro-Review.

INFORMATIONS DE CONTACT:
Retired Professor of History and Political Science
University of the District of Columbia
Washington, D.C. 20008
Tel: (301) 320-4710
E-mail: melkhawas@udc.edu

www.ingramcontent.com/pod-product-compliance
Lightning Source LLC
Chambersburg PA
CBHW061329220326
41599CB00026B/5101